乡贤文化丛书

乡贤文化丛书

走出寒窑登庙堂

——状元宰相吕蒙正

卫绍生 廉朴 主编
赵健 著

中原出版传媒集团
中原传媒股份公司
大象出版社
·郑州·

图书在版编目(CIP)数据

走出寒窑登庙堂：状元宰相吕蒙正／赵健著.—
郑州：大象出版社，2022.7
(乡贤文化丛书／卫绍生，廉朴主编.第二辑)
ISBN 978-7-5711-1193-9

Ⅰ.①走… Ⅱ.①赵… Ⅲ.①吕蒙正-生平事迹
Ⅳ.①K827=441

中国版本图书馆 CIP 数据核字(2021)第 182708 号

乡贤文化丛书
卫绍生 廉朴 主编
ZOUCHU HANYAO DENG MIAOTANG
走出寒窑登庙堂
——状元宰相吕蒙正
赵 健 著

出 版 人 汪林中
总 策 划 郑强胜
责任编辑 连 冠
责任校对 牛志远
装帧设计 王莉娟

出版发行 大象出版社(郑州市郑东新区祥盛街 27 号 邮政编码 450016)
发行科 0371-63863551 总编室 0371-65597936
网 址 www.daxiang.cn
印 刷 河南文华印务有限公司
经 销 各地新华书店经销
开 本 720 mm×1020 mm 1/16
印 张 12.25
字 数 153 千字
版 次 2022 年 7 月第 1 版 2022 年 7 月第 1 次印刷
定 价 35.00 元

印厂地址 新乡市获嘉县亢村镇工业园
邮政编码 453800 电话 0373-5969992 5961789

总序

“乡贤”，这一古老的称呼已经淡出人们的视野很久了。

党的十八大以来，乡贤重新进入人们的视野，成为人们热议的话题。中共中央、国务院2015年颁布的《关于加大改革创新力度加快农业现代化建设的若干意见》中明确指出，要“创新乡贤文化，弘扬善行义举，以乡情乡愁为纽带吸引和凝聚各方人士支持家乡建设，传承乡村文明”。在中共中央、国务院的文件里提到乡贤和乡贤文化，这应该是首次，它表明作为中国优秀传统文化重要组成部分的乡贤文化，既是传承乡村文明的重要内容，也是新时期农村文化建设的重要内容。但是，由于乡贤和乡贤文化淡出人们视线已久，在这一概念重新被提出来的时候，许多人并不明白什么是乡贤，什么是乡贤文化，更不知道如何传承和弘扬乡贤文化。鉴于此，有必要对乡贤称谓、乡贤之说的起源、乡贤对中国乡村的作用与意义、乡贤文化包含哪些内容等，作简要回答。

何谓乡贤？按照通常的解释，乡贤是指那些道德品行高尚同时又对乡村建设有过贡献的人。这里包含两个层面的意思：一是道德品行高尚，二是对家乡建设作出过贡献。但如果仅仅是道德品行高尚，满足于个人修身齐家、独善己身、洁身自好，很少关心乡里乡亲，很少对乡梓作出过贡献，那么，这样的人只能称为乡隐，而不能称为乡贤。乡贤既应是道德为人敬仰、行为堪称模范的人，更应是为家乡作出过一定贡献的人。不论是教书育人、传承文化、制定乡约、调解邻里矛盾，还是乐善好施、修桥铺路、接济乡人，举凡一切有益于乡里乡亲的事情，他们总是满腔热情，乐做善为。对乡村建设的贡献，是乡贤的必备条件。如果对家乡父老没有什么贡献可言，何以成为乡贤？看一看汉魏六朝出现的一些记述各地乡贤的著作，如《汝南先贤传》《陈留耆旧传》《襄阳耆旧记》《鲁国先贤传》《楚国先贤传》等，其中记载的各地乡贤，不仅在道德、学问、修养、名望等方面为人称颂，成为时人敬仰的楷模，而且都是对家乡作出过贡献的人。他们能入各种乡贤传，绝非浪得虚名。

乡贤之说起源于何时？乡贤很早就存在于中国的乡村，但乡贤之说却是在东汉中后期才逐渐流行起来的。东汉中后期，随着一些世家大族的崛起，各个郡国都热衷于撰写乡贤传记，表彰那些曾经为当地经济、社会、文化发展作出过贡献的贤人雅士。东汉以后，世家大族成为维持中国乡村社会稳定的重要力量，涌现出许多被后人称为乡贤的人物，他们对当时的社会，乃至对中国历史文化都产生了重要影响。作为乡村精英的乡贤，在乡村治理、乡村教育等方面可补政府治理之不足，发挥了政府无法起到的重要作用。一些人看到了乡贤对社会发展的积极作用，把所属郡国那些有影响的人物事迹记录下来，于是出现了所谓的“郡书”。唐代史学家刘知幾在谈到这类著作时说：“郡书者，矜其乡贤，美其邦族，施于本国，颇得流行；置于他方，罕闻爱异。其有如常璩之详审，刘昞之该博，而能传诸不朽、见美来裔者，盖无几焉。”（刘知幾：《史通》卷十《内篇·杂述》）刘知幾是较早关注到乡贤类著作的史学家，他认为，乡贤类著作都是“矜其乡贤，美其邦族”，因而在当地比较流行，而到了其他地方，知道的人就很少了。在谈到东汉史书繁盛的原因时，刘知幾再次提到了乡贤：“降及东京，作者弥众。至如名邦大都，地富才良，高门甲族，代多髦俊。邑老乡贤，竞为别录。家牒宗谱，各成私传。于是笔削所采，闻见益多。此中兴之史，所以又广于《前汉》也。”（刘知幾：《史通》卷九《内篇·烦省》）刘知幾虽然没有对乡贤作出解释，但他把“邑老乡贤”与“高门甲族”相提并论，表明他已经把“邑老乡贤”与“高门甲族”放在同一个层级上，充分肯定了“邑老乡贤”的历史地位与作用。

乡贤对中国乡村有怎样的作用与意义呢？乡贤在乡村建设中的作用是多方面的。他们不仅热衷于乡村治理和乡村教育，而且乐善好施、造福乡里。乡贤一般都是受过良好教育的人，他们是乡里有知识、有影响的人物，经济实力往往要比一般村民好一些。他们有能力也有意愿造福桑梓，所以常常在乡村建设上主动作为，只要是力所能及，他们一般不会推辞。在乡村治理方面，乡贤往往身兼管理者、参与者、协调者等多重角色，必要的时候，他们也可以发挥上情下达或下情上传的作用，成为联系乡亲和政府的桥梁与纽带。在调解邻里冲突和乡人矛盾上，他们不会以势压人，而是以理服人，注重多方协调和沟通，注重平衡各方利益。所以，在乡村治理方面，乡贤是农耕文明时期中国乡村社会稳定的重要因素。

在乡村教育方面，乡贤的作用更是不可小觑。乡贤大多是饱读诗书之人，他们深知文化知识对于人们的生存、生活、成长和发展至关重要，所以他们非常重视教育，尤其重视启蒙教育和家庭教育。他们中的许多人自觉地担负起教育自家子弟和乡里子弟的重任，有不少人开私塾，并兼任私塾先生。虽然有的人也接受一些“束脩”，但总体来说，义务教书的情况较为常见。他们是乡村的“先生”，是传授文化知识的人，是教人向善的人。在善行义举方面，乡贤更是乐善好施的代名词。他们愿意帮助别人，勇于助困济人，乐于接济生活困难的乡亲。如东汉末年颍川郡著名乡贤陈寔，道德高尚，知书达理，处事公正，待人公平，为乡里所推重。乡里发生了纠纷，人们不去求官府，而是去找陈寔，请求他明断是非。只要是陈寔评的理、判的是非曲直，人们都欣然接受，没有什么怨言，以至于乡人都说：“宁为刑罚所加，不为陈君所短。”陈寔还乐善好施，遇上灾年的时候，乡亲们缺吃少穿，他就接济他们。大灾之年，陈寔的善举不仅挽救了那些一时糊涂的人，而且教化了乡党，纯洁了世风。当然，更多的乡贤是靠他们的智慧和财富造福乡里，为乡亲做好事，譬如常见的修桥铺路、接济穷困等助人为乐之事。在乡村治理结构尚不完备的中国传统社会，乡贤在文化教育、乡村治理、乡村建设等方面，都起到了政府所起不到的作用。他们是中国传统乡村超稳定结构的基石，也是推动乡村发展的动力。

对于乡贤，我们应该历史地来看，既要看到他们在乡村文化教育、乡村治理、乡村建设等方面的积极作用，也要看到他们对中国传统乡村超稳定结构的固化作用。乡村是农业社会的基础，也是各级政权的基础。但是，在中国传统社会，权力不下郡县，县级政权成为封建社会的基层政权，县令或县长通常都是七品官甚至是从七品官，县丞、县尉的级别就更低了。国家行政机构设置到县级，县以下是乡和里。乡和里的治理则借重民间力量，乡长和里长大多是由当地德高望重的长者或望族的族长担任，他们没有官位，不吃皇粮，不领俸禄，只是负责维持当地的秩序，帮助地方政府做一些诸如征收税赋、摊派徭役、管理户籍、教化民众之类的事情。但在乡村治理及文化教育等方面，乡长、里长则常常要借重乡贤的力量，因为乡贤有文化、有见识、有影响力，甚至还有财力。当乡贤与乡里管理者相向而行、勠力同心的时候，乡里就会稳定，乡村治理就比较顺畅。这个时候，乡贤的作用就得到了充分发挥。乡贤在某种意义上成了乡村治理的标杆，成为乡人敬仰和追慕的对象。但是，由于乡贤所受的教育不同，他们的理想、信念、追求也各有差异，因此，他们中的许多人不愿意与当权者同流合污，更看不惯权豪势要欺辱压榨百姓，往往是特立独行者和孤独求道者，但他们依然坚持用自己的方式服务乡里，造福百姓。如许劭主持汝南“月旦评”，大力奖掖和提携汝南才俊，评点天下名士，成为汉末继郭泰之后的清议领袖。他不应朝廷征辟，谢绝高官厚禄，以“局外人”的身份品评人物，客观公正，令人信服。又如吃尽文盲苦头的武训，穷且益坚，不坠青云之志，行乞办学，创办崇贤义塾，让那些读不起书的孩子进学堂读书，更让人肃然起敬。再如晚清职业慈善家余治，一生清贫，却四处呐喊，奔走于大江南北，劝人行善，宣传忠孝节义，成立各种慈善机构，移风易俗，救济孤贫，而且创立戏班，编写剧本，以戏曲劝善，被人誉为“江南大善人”。他们以各自的方式感染着世人，固化着中国乡村的超稳定结构，使中国乡村这个自秦汉以来政府行政权力鞭长莫及之地，成为乡绅乡贤的表演舞台。在当代作家陈忠实的长篇小说《白鹿原》中，从白嘉轩、鹿子霖和冷先生等人物身上，读者依稀看到了久违的乡贤形象，所以有评论者指出，《白鹿原》就是在寻找失去的乡贤。这样的评论虽然不无偏颇，却也道出了小说的文化追求。

乡贤是乡贤文化的创造者和实践者，从他们身上，人们可以看到传统乡贤文化在乡村建设、乡村治理、文化教育、乡土认同等方面发挥的重要作用。所以，从中国古代一直到近现代，许多乡村都建有乡贤祠，用以供奉和祭奠那些为乡村建设作出贡献的乡贤们，展示各地不同的乡贤文化。

乡贤文化是由乡贤及其乡人共同创造的，是中华优秀传统文化的重要组成部分。它作为一种文化形态，对中国古代的乡村治理，对家国文化的认同，对乡村社会的维系，对农业文明的传承，对宗族文化的延续，对乡村文明的弘扬，都具有重要的文化价值。在传承发展中华优秀传统文化的当下，创新乡贤文化，就应在进一步明确乡贤文化的历史文化价值与当代意义的前提下，深入发掘乡贤文化的内在价值和积极作用。具体来讲，就是要注重发掘乡贤文化对家国认同、乡村治理、乡村教育、乡村建设、乡村文明传承等方面的深层文化内涵，通过一个个乡贤人物，阐释乡贤文化的重要价值，梳理乡贤文化的积极意义，探索乡贤文化的传承创新路径。譬如家国认同，首先是基于对家族和家乡的认同。乡贤作为当地的贤者，不仅具有很强的凝聚力，而且还常常让乡党引以为豪，人们不论处于多么遥远的地方，只要说起共有的乡贤，就会立即引起强烈的共鸣，自然而然地拉近了人们之间的情感距离，从而形成对家族和家乡的认同。从这个意义上说，乡贤是家乡认同的标志性人物，也是促进家国认同的情感纽带。

乡贤文化对传承发展乡村文明，对当代乡村文化建设，对提升文化自觉、树立文化自信，对实现中华民族伟大复兴的中国梦，都具有积极意义。在大力弘扬传承发展中华优秀传统文化的当下，挖掘乡贤文化的丰富内涵，梳理乡贤文化的历史脉络，发掘乡贤文化的价值意义，进而创新乡贤文化，建设新乡贤文化，是传承发展中华优秀传统文化的内在要求，是提升文化自觉、树立文化自信的内在要求，也是实现中华民族伟大复兴的中国梦的内在要求。

为此，我们组织编纂了这套“乡贤文化丛书”，把自东汉以来的历代乡贤进行梳理，系统展示乡贤、乡贤文化的历史风貌和文化价值，以期让广大读者对优秀传统文化中的乡贤和乡贤文化有更多的了解，对乡贤文化的历史作用和当代价值有更多的认知，共同为创新乡贤文化、建设新乡贤文化作出应有的贡献。

本辑为“乡贤文化丛书”第二辑，我们精选了8位在中国历史上有一定影响的各地乡贤，他们不论在教书育人、修身齐家，还是在乡村治理、乡村建设、慈善赈济，甚或是民族工业等方面均作出了一定贡献，成为人们传颂的典范楷模。在本辑编写过程中，每位作者均对自己承担的人物有一定研究，但因作者较多，行文风格各异，难免会出现一些不尽如人意之处，不妥之处，尚祈读者批评。

卫绍生　廉　朴

2022年5月20日

目　录

一、吕蒙正的青少年时期

北宋宰相吕蒙正的广为人知，情形有些特殊。同时代别的人出名，大概都是因入朝为官之后在政治上有所建树，如参与“陈桥兵变”的赵普、“大事不糊涂”的吕端、“左右天子，不动如山”的寇准。吕蒙正虽然在太宗、真宗朝先后三次当宰相，史籍上虽然也有其嘉言懿行的记录，然而最为人津津乐道的，却是其年轻时在陋巷寒窑中的故事。

从元朝王实甫的《破窑记》、明代的《彩楼记》，一直到今天京剧、越剧、川剧、潮剧、歌仔戏等戏曲的不断演绎，几乎都注目于此。这一点上，恐怕只有因少年时“砸缸”而妇孺皆知的司马光能与之相仿佛了。

这种现象，有两方面的原因：其一，是吕蒙正考上状元之前的经历确实比较具有传奇色彩。其二，是吕蒙正入仕后，“其为谏诤、为侍从、为执政，凡嘉猷伟画，皆不作己出，而密归之于上。惟上自行之，故人无知者”。吕蒙正不像寇准那般个性鲜明，凡事又不愿自己抛头露面，所以显贵以后的事迹，反而寥寥无几。

关于吕蒙正生平的记述，比较重要的史料有两种：一是《宋史·吕蒙正传》，二是富弼在吕蒙正去世 57 年之后为其所作的《吕文穆公蒙正神道碑》（后文简称《神道碑》）。这两篇文献的史源，应

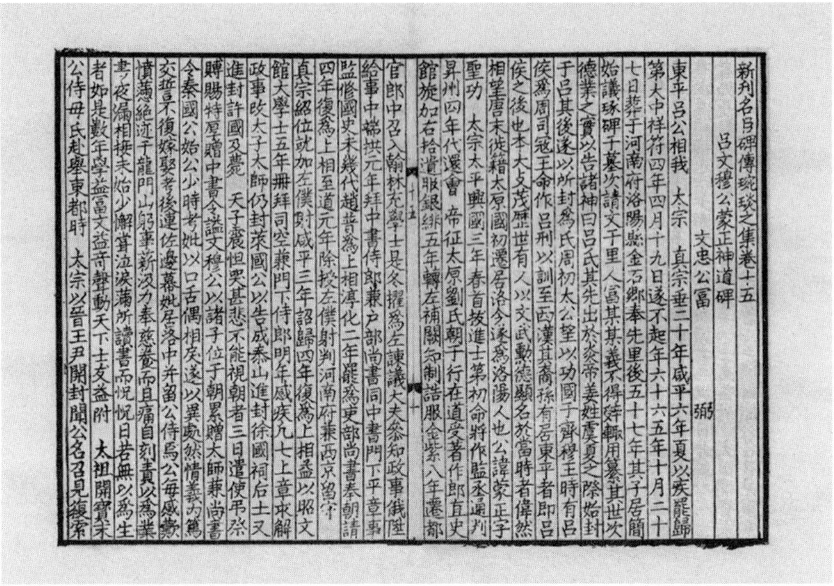

新刊名臣碑傳琬琰之集卷十五
呂文穆公蒙正神道碑
文忠公富　弼
東平呂公相我　太宗　真宗垂二十年咸平六年夏以疾罷歸
第大中祥符四年四月十九日遂不起年六十六五年十月二十
七日葬于河南府洛陽縣金石鄉奉先里後五十七年其子居簡
始議琢碑于墓次請文于里人富某某義不得辭輒用纂其世次
德業之實以告諸神曰呂氏其先出於炎帝姜姓虞夏之際始封
于呂其後遂以所封為氏周初太公望以功國于齊穆王時有呂
侯為周司寇王命作呂刑以訓至西漢其裔孫有居東平者即呂
侯之後也本大支茂歷世有人以文武勳德顯名於當時者偉然
相望唐末徙籍太原國初還居洛今遂為洛陽人也公諱蒙正字
聖功　太宗太平興國三年春首拔進士第初命將作監丞通判
昇州四年代還會　帝征太原劉氏朝于行在道受著作郎直史
館旋加右拾遺服銀緋五年轉左補闕知制誥服金紫八年遷都
官郎中召入翰林充學士是冬擢為左諫議大夫參知政事俄陞
給事中端拱元年拜中書侍郎兼戶部尚書同中書門下平章事
監修國史未幾代趙普為上相淳化二年罷為吏部尚書奉朝請
四年復為上相至道元年除授左僕射判河南府兼西京留守
真宗紹位就加左僕射咸平三年詔歸四年復為上相益以昭文
館大學士五年冊拜司空兼門下侍郎明年感疾凡七上章求解
政事改太子太師仍封萊國公以告成泰山進封徐國祠后土又
進封許國及薨　天子震悼哭甚悲不能視朝者三日遣使弔祭
賻賜特厚贈中書令謚文穆公以諸子位于朝累贈太師兼尚書
令秦國公始公少時考妣以口舌偶相戾遂以異處然情義尤篤
交誓不復嫁娶考後連佐邊幕妣居洛中并留公侍焉公每感歎
憤懣絕迹于龍門山窮筆薪汲力奉慈養而且痛自刻責以為業
晝夜編相接未始少懈旹泣涕滿所讀書而悅悅日若無以為生
者如是數年學益富文益奇聲動天下士支益附　太祖開寶末
公侍母氏赴舉東都時　太宗以晉王尹開封聞公名召見復案

《名臣碑传琬琰集》中富弼所作《吕文穆公蒙正神道碑》书影

该都是来自吕蒙正的后人，但是这两种文献对于吕蒙正家庭与早年经历的记载，却存在不少的问题。

一是关于吕蒙正的出生时间。吕蒙正在宋初三任宰相，他的去世，在当时是件大事，各类史料记载的去世时间也非常一致，即宋真宗大中祥符四年（1011）四月十九日。但是关于其享年，《宋史》说是“六十八”，《神道碑》说是“六十六”。“六”“八”字形相近，大概是在传抄过程中，发生了鱼鲁帝虎的错误。成书于北宋的《隆平集》中记载说是“年六十八”，而南宋王明清在《挥麈录》中却说：“本朝名公多厄于六十六，韩忠献、欧阳文忠、王荆公、苏翰林，而秦师垣复获预其数，吕正惠、吕文穆亦然。”文穆是吕蒙正的谥号。这说明，南宋人王明清看到的材料中，记载的吕蒙正享年六十六岁。这样互相抵牾的记载，真让人莫衷一是。在本书中，我们采纳《宋史》的记载，由此推算吕蒙正的出生年份当是后晋天福九年（944）。

二是关于吕蒙正父亲吕龟图的经历。《宋史》与《神道碑》的记载很一致，分别是“父龟图，起居郎”和“父讳龟图，皇起居郎”。起居郎是记录天子言行的官，北宋直到太宗淳化五年（994）四月，才有“掌起居郎事”的任命，而吕龟图早在太平兴国七年（982）就去世了。吕龟图任起居郎的时间，当在北宋建立之前的五代。因此明成化《中州志》中的记载就颇为可信，“吕龟图，其先莱州人，徙河南，蒙正之父，仕周，官起居郎”。吕龟图担任起居郎的时间，是在后周时期，吕蒙正的父亲曾与宋太祖赵匡胤同朝为臣。南宋黄震在《黄氏日抄》中曾记录说，吕龟图“国朝知泗州”，这个恐怕不大可信。假如吕龟图真有这样一段经历的话，孝子贤孙们一定不会遗漏的，不可能为《宋史》与《神道碑》所不载。

吕龟图举家迁居洛阳的时间，据《神道碑》记载，是在北宋伊始。大概就在迁洛后不久，吕蒙正迎来了巨大的家庭变故。关于这个变故，《宋史》与《神道碑》的记载又出现了不同。

《宋史》说：“初，龟图多内宠，与妻刘氏不睦，并蒙正出之，颇沦踬窘乏，刘誓不复嫁。”吕龟图宠爱小老婆，和妻子刘氏也就是吕蒙正的生母关系不好，最终他在休妻的时候，将少年吕蒙正也一并扫地出门。那个时代，妇女改嫁本稀松平常，还不像后来那样全社会提倡“饿死事小，失节事大”，可是吕蒙正的母亲刘氏不知出于什么原因，却“誓不复嫁”。关于吕龟图休妻弃子，《续资治通鉴长编》（以下简称《长编》）等文献也有着几乎完全一致的记载。

而《神道碑》却记载说：

> 始公少时，考妣以口舌偶相戾，遂以异处，然情义内笃，交誓不复嫁娶。考后连佐边幕，妣居洛中，并留公侍焉。公每感叹愤懑，绝迹于龙门山，躬事薪汲，力奉慈养，而且痛自刻责以为业。昼夜漏相接，未始少懈。尝泣泪满所读书，而恍恍

日若无以为生者。如是数年，学益富，文益奇，声动天下，士友益附。

这段记载说，吕蒙正年少时，父母吵架导致不和，以致分居，但两人心中对彼此的情义仍旧深厚，互相发誓不再谈婚论嫁。吕蒙正的父亲吕龟图此后一直在边境地区担任幕职官，即地方长官的属吏。吕蒙正的母亲刘氏一直居住在洛阳，吕蒙正则留在母亲身边，负责照料。家庭的不幸与生活的困顿，让吕蒙正每每感叹愤懑。母子俩生活在龙门山中，极少外出。吕蒙正亲自砍柴担水，奉养母亲，并且在学业上严格要求自己，刻苦努力，从早到晚未尝有懈怠的时候。吕蒙正曾经伤心地哭泣，泪水将面前的书都打湿了，失意不安的样子，就好像生活没有着落的人那样。这样经过几年，吕蒙正的学问愈加渊博了，所写的文章愈加绝妙了，声名远播，朋友们对他也愈加亲近了。

《神道碑》关于吕蒙正父母失和的记载为仅见，与其他史料均不同。这其实不难理解，毕竟吕龟图专宠小老婆、刘氏被休、吕蒙正被父亲赶出家门，都不是什么光彩的事情，后代子孙在半个多世纪之后，仍在试图弥缝。休妻弃子就变成了“口舌偶相戾，遂以异处”。

但这个谎话编排得并不高明，《神道碑》中都提到，吕蒙正在太平兴国五年（980）在开封任知制诰时，“会令君朝京师，公跪而泣于令君、徐国，且告曰：‘大人母氏皆老矣，不肖子不忍见兹睽忤不偶，愿复故好，敢以死请。’语讫又伏于前，泣下不止。令君、徐国不得已，怜而从之，然终异堂而处。公晨暮交走，咸尽色养，人于是始知公之纯孝大行于其家也”。

垂暮之年，吕龟图与刘氏都来到开封，37 岁的吕蒙正跪请他们和好如初，并痛哭不止。两位老人虽然因为心疼儿子，不得已答应了，但终究是“异堂而处”，分开居住。两宋之交的叶梦得在《避暑录话》中记载得更为详尽：“吕文穆公既登第，携其母以见龟图，虽许纳之，终不与相见，乃同堂异室而居。”旧日夫妻心中的结始终没有打开，这哪里有什么“情义内笃”的影子呢？

吕蒙正和母亲被逐出家门之后，并没有像一些地方志所记载的，离开洛阳，颠沛流离。青年吕蒙正在洛阳一边“躬事薪汲，力奉慈养”，一边“痛自刻责以为业”。据叶梦得《避暑录话》记载，这期间，龙门山利涉院的和尚接济了他们，为他们修建了“寒窑”作为容身之所。

> 吕文穆公父龟图与其母不相能，并文穆逐出之。羁旅于外，衣食殆不给。龙门山利涉院僧识其为贵人，延致寺中，为凿山岩为龛，居之。文穆处其间，九年乃出，从秋试，一举为廷试第一。

此期间，陪伴吕蒙正读书的，是好友温仲舒。温仲舒，字秉阳，也是洛阳人。两人同时考中进士，入朝为官。吕蒙正仕途上顺风顺水，进步很快，而温仲舒却颇有顿挫。吕蒙正在中央极力推荐这位老友，而温仲舒却很不厚道，被重用后反而说吕蒙正的不是，温仲舒的行为遭到了同僚的鄙视。《宋史·温仲舒传》载：“少与吕蒙正契厚，又同登第。仲舒黜废累年，蒙正居中书，极力援引，及被任用，反攻蒙正，士论薄之。”值得一提的是，温仲舒自端拱初年（988）担任右正言开始，直到淳化年间担任枢密副使、同知枢密院事，每次被提拔都是与寇准一起的，当时人甚至将温仲舒与寇准并称为“温寇”。大概因为这个，在后来元杂剧中，寇准就被演绎成了青年吕蒙正的好友。实际上，寇准是陕西人，出生于北宋建隆二年（961），比吕蒙正小 17 岁，吕蒙正在洛阳苦读的时候，寇准还是个“不修小节，颇爱飞鹰走狗”的少年。

吕蒙正同母亲居住在利涉院的岩龛或者土室之中，生活贫乏而清苦。冬日严寒，母子在破窑中，缺衣少食，无以御寒，吕蒙正曾用“拨尽寒炉一夜灰”的诗句描述当时的窘境。《邵氏闻见录》中还记载了“饐瓜亭”的典故：

公在龙门时，一日行伊水上，见卖瓜者，意欲得之，无钱可买。其人偶遗一枚于地，公怅然取食之。后作相，买园洛城东南，下临伊水，起亭以“饐瓜”为名，不忘贫贱之义也。

吕蒙正在龙门山生活期间，有一天走在伊河边上，碰见一个卖甜瓜的，天气炎热，赶路又口渴，他心想，能有一个瓜吃就好了，可是囊中羞涩，无钱可买。恰巧这时候卖瓜人将一枚不太新鲜的瓜拣出来，扔在地上，吕蒙正便默默地将这瓜拾起来吃了。后来，吕蒙正当了宰相，在洛阳城的东南、伊河边上买了宅第，特意修建了一个亭子，起名叫“饐瓜亭”，用来纪念贫贱时的那段经历。

但是这些苦难没能消磨吕蒙正的志向和抱负，饱读诗书之后，吕蒙正更有了出人头地的信心。此期间，他曾写过两首诗，表明心志，一曰：“八滩风急浪花飞，手把鱼竿傍钓矶。自是钩头香饵别，此心终待得鱼归。”二云：“怪得池塘春水满，夜来雷雨起南山。”蛟龙岂是池中物，吕蒙正终要有鱼跃龙门、扬名立万的一天。

在寒窑中苦读九年之后，在开宝九年（976），33 岁的吕蒙正带着母亲到首都开封应考。那时，吕蒙正学识渊博，文字可观，已经闻名遐迩。大约就在此行途中，路过胡旦父亲任知县的某地。胡旦父子并没有因为吕蒙正的名气而给予热情款待，而是表现得相当冷淡。有门客对胡旦说：“吕蒙正诗写得好，应该好些对他。”胡旦便问哪句诗写得好，门客举了一篇为例，其最后一句是“挑尽寒灯梦不成”。胡旦笑着说：“原来吕蒙正是个瞌睡大王啊。”吕蒙正听说之后，很生气地离开了。太平兴国二年（977），吕蒙正中了榜魁之后，托人对胡旦说：“瞌睡大王状元及第啦。”胡旦说：“待我明年以第二名及第，略输您一筹。”太平兴国三年（978），胡旦参加殿试并被评为第一。

这个故事，在欧阳修、孔平仲等人的笔记中都有提及。欧阳修在《六一诗话》中如此记载：

吕文穆公未第时，薄游一县。胡大监旦方随其父宰是邑，遇吕甚薄。客有誉吕曰："吕君工于诗，宜少加礼。"胡问诗之警句，客举一篇，其卒章云"挑尽寒灯梦不成"。胡笑曰："乃是一渴睡汉尔。"吕闻之甚恨而去。明年首中甲科，使人寄声语胡曰："渴睡汉状元及第矣。"胡答曰："待我明年第二人及第，输君一筹。"既而次榜，亦中首选。

胡旦对吕蒙正的冷遇，应该是相当另类的，否则，门客也不会多嘴了。多数人对虽然贫穷却文采斐然的读书人，还是相当尊重的。吕蒙正到达开封后，当时以晋王身份做开封尹的皇弟赵光义，也就是后来的宋太宗，还特地召见了他，看过他所作的文章后，大加称赞。《神道碑》中说：

太祖开宝末，公侍母氏赴东都，时太宗以晋王尹开封，闻公名，召见，复索其所著文，大称之，期以公辅之器。是秋府荐，甲于乡书。明年，即上第。

《宋史》中记载许骧此一时期的经历时，也提到吕蒙正："骧，太平兴国初，诣贡部，与吕蒙正齐名，太宗尹京，颇知之。"两处记载相互印证，则知吕蒙正应试前受知于太宗的经历颇为可信。

宋太祖赵匡胤在位 17 年，开科取士 15 次，几乎是年年举行，然而每榜的录取名额却不过 10 人左右。唯开宝六年（973）与八年（975）录取稍多，也不过分别为 26 人与 31 人。而紧接着这两次"扩招"之后，在开宝七年（974）与九年（976），都没有举行贡举。终太祖朝，开科 15 次，共录取进士 188 人，平均每榜 12 人而已。

开宝九年冬，宋太祖在"斧声烛影"中不明不白地暴卒，其弟赵光义即位，十二月，改元太平兴国。

为了以文治矫正五代骄兵悍将的跋扈，也为了网罗人心，宋太宗决定扩大科举取士规模。《宋史》上说：

太宗即位，思振淹滞，谓侍臣曰："朕欲博求俊彦于科场中，非敢望拔十得五，止得一二，亦可为致治之具矣。”

本着这样的指导思想，太平兴国二年（977）正月，太宗即位还不到三个月，就举行了太宗朝的第一次殿试。这次取士，从诸路州府发解的 5300 多名贡士中，破天荒地赐予 109 人进士及第。而这 109 人中的第一名，即这 5300 多名考生中的状元，就是吕蒙正。

叶梦得《石林燕语》载：

> 国初取进士，循唐故事，每岁多不过三十人。太宗初即位，天下已定，有意于修文。尝语宰相薛文惠公治道长久之术，因曰：“莫若参用文武之士。吾欲于科场中广求俊彦，但十得一二，亦可以致治。”居正曰：“善。”是岁，御试题以“训（兵）练将”为赋，“主圣臣贤”为诗，盖以示参用之意。

从太宗与宰相薛居正的谈话中，我们知道，太宗给出的实现国家长治久安的“妙计”，是“参用文武之士”。由此，不但改变了之前在选人用人上的重武轻文倾向，并且从科举考试中选拔的人才，也要文韬武略兼美。那年的科举考题，“训兵练将”显然是就如何加强军队建设请考生发表见解。除了钦定题目、限定内容，殿试还规定了形式，要求“赋韵平侧相间，依次而用”。这次考试，不仅考查了应试者写诗作赋的技巧，还可以看出举子对于国是的见识。可见，榜魁吕蒙正并不是死读书的人，对治国理政他有着自己的思考。

殿试结束的第二天，正月初八，太宗赐及第进士宴：

> 宴新及第进士吕蒙正等于开宝寺，赐御诗二首以宠之。故事，吏部放榜后，敕下之日，醵钱于曲江为闻喜之饮。近代多于名园佛庙，至是官为供帐，为盛集焉。

金榜题名后，新贵们凑钱举行闻喜宴，共同庆祝并联络感情，在唐代已有之。到宋太宗时，为示优待，已经不需要进士们自己凑钱，而是由官方提供并陈设宴会使用的帷帐、用具、饮食等。此外，太宗特意写了两首诗赐给他们。

闻喜宴隔天之后，新进士们迎来了释褐的日子。“赐新及第进士、诸科绿袍、靴、笏。”按惯例，士子都是在朝廷授予特定官职时才释褐的，但这次在尚未“注官”之时，就让他们脱去平民的衣服，穿上低级官员的公服，是前所未有的。正式的授予具体官职，要在两个多月之后才进行。

宋太宗主持的这次殿试，除了录取人数大大增加，对于及第进士的初授官，也大幅提高了标准。三月二十三日，“诏：新及第进士吕蒙正以下第一等为将作监丞，第二等为大理评事，并通判诸州，各赐钱二十万”。

由于宋朝官制杂乱，我们在此稍做说明。《宋史·职官志》总序部分有这样一段话：

> 台、省、寺、监，官无定员，无专职，悉皆出入分莅庶务。故三省、六曹、二十四司，类以他官主判，虽有正官，非别敕不治本司事，事之所寄，十亡二三……至于仆射、尚书、丞、郎、员外，居其官不知其职者，十常八九。其官人受授之别，则有官、有职、有差遣。官以寓禄秩、叙位著，职以待文学之选，而别为差遣以治内外之事。

宋代实行官员职级与职务分离的制度，而职级序列，就是之前三省六部制下的那些“职务”的名称，而真正的职务，则由差遣决定。举个例子，吕蒙正被授予将作监丞，假如吕蒙正是在唐代被授予此职的话，那么他就是朝廷掌土木工匠之政的机构——将作监的一名从六品下的佐贰官员，“掌判监事。凡内外缮造、百司供给，大事则听制敕，小事则俟省符，以咨大匠，而下于署监，以供其职”。可是，吕蒙正在宋初被授予此职，只是表明他享受“将作监丞”这个级别的政治和经济待遇，除非皇帝特别下令，否则他并不负责将作监的任何事务。前代的“职务”在宋代称为“官”，上面宋太宗诏书里面提及的“将作监丞”“大理评事”

都是“官”，作用只在“寓禄秩、叙位著”。而实际执掌的公务，则要由“差遣”来决定，上面说的“通判诸州”才是各位及第者真正的职务。

通判这个差遣，始设于南唐。宋初，太祖不断通过战争开疆拓土，为避免地方官特别是新收复区域地方官的专权，将此职位大规模推广开来。“通判”之称，取共同处理政务之意。地位略次于州府长官，但握有连署州府公事和监察官吏的实权，号称监州。

总而言之，这109名新及第进士被授予的第一个官职，第一等是从六品下的“将作监丞”，第二等是从八品下的“大理评事”，并都被授予了各州通判的差遣。较之宋太祖时期及第进士的初授官，已经提高了很多。《宋登科记考》中，记载了太祖时期几个不同年份进士及第第一人的初任官，分别是：建隆元年（960）的杨砺，“初授凤州团练推官”；乾德四年（966）的李肃，“历濮、博二州从事”；乾德五年（967）的刘蒙叟，“初授岳州推官”；开宝二年（969）的安德裕，“初授归州军事推官”；开宝八年（975）的王嗣宗，“初授秦州司寇参军”。这几个差遣，均为幕职官，其实就是州郡长官的僚属，级别均为九品。

较之前辈，太平兴国二年（977）这一科的进士们是幸运的，不但录取人数更多，而且起点更高。事实上，这一榜后来确实也出了不少名臣，如吕蒙正、李至、张齐贤、王化基、陈恕等后来都官至宰执。

这一榜进士中，与吕蒙正的人生轨迹已经发生或将要发生交叉的有：吕蒙正好友温仲舒，授官大理评事，通判吉州；同乡好友张齐贤，授大理评事，通判衡州；当年同受开封尹赵光义器重的许骧，授官将作监丞，通判益州；吕蒙正的叔叔吕龟祥；齐州人王沔，授大理评事；京兆府长安县人宋泌。关于宋泌，《宋史》为其胞弟宋湜所做的传记中曾说：“湜幼警悟，早孤，与兄泌励志笃学，事母以孝闻。”大约因为有着相近的经历与性格，吕蒙正与宋泌相识相知。吕蒙正第一任夫人宋氏，应该就是宋泌的堂妹。

关于吕蒙正的第一任夫人宋氏，我们了解得并不多，但是明人蒋一葵在《尧山堂外纪》中记载了关于她的一个小故事，反映出她是一个善良而聪慧的人。

吕蒙正父龟图多内宠，与其母刘氏不睦，并蒙正出之，颇沦踬窘乏。与温仲舒读书于洛阳之龙门利涉院土室中，有"拨尽寒炉一夜灰"之句。及蒙正登第，乃迎二亲，同堂异室奉养之。妻自姓宋，传奇谬以母姓为妻姓，《破窑》缘此附会也。惟饐瓜亭在府城南，蒙正微时拾遗瓜于此，后作相，建亭示不忘也。

《尧山堂外纪》中讲：

蒙正朝罢归衙，偶片雪沾衣，欲斩执役人，夫人因举拨灰诗讽之，乃已。又随事讽谏，尝题《鸱吻》云："兽头原是一团泥，做尽辛勤人不知。如今抬在青云里，忘却当初窑内时。"

吕蒙正做了宰相以后，生活上便也讲究起来。有一次吕蒙正在中书处理完政务回府时，打伞的人不小心，让雪花飘到了吕蒙正身上，吕蒙正大怒，想将打伞的人杀掉。夫人宋氏便念起"拨尽寒炉一夜灰"的诗句给吕蒙正听，意思是相公你当年贫贱之时，那般苦寒都忍得，如今只不过"片雪沾衣"，就忍不得了吗？吕蒙正听了夫人的话，便也不再追究。宋夫人时常利用机会，来委婉地劝诫吕蒙正，有一次，她以《鸱吻》为题写了一首诗。鸱吻原是神话中的神兽，传说喜欢吞火，因此常被作为古代建筑屋脊两端的饰物，承载了人们避免火灾的愿望。宋夫人的诗，大意是说，鸱吻是泥土做的，当初泥土在地里的时候，辛苦勤劳却没有人知道。经过塑形烧制，泥土被制成了鸱吻，而今高立在屋脊之上，被众人仰视，却忘记了当初在窑内的日子。宋夫人口中的窑，哪里是在说烧造陶器的窑，分明是指青年吕蒙正曾居的寒窑。

吕蒙正被授予昇州通判一职，昇州在今南京。临赴任前，吕蒙正等向太宗辞行，太宗"特召令升殿，谕之曰：'到治所，事有不便于民者，疾置以闻。’”对他寄予了厚望。

二、吕蒙正成了有福的箭垛

胡适先生曾说包拯是一个“有福的人物”，或曰“箭垛式的人物”。他在为《三侠五义》所作序中说：

> 古来有许多精巧的折狱故事，或载在史书，或流传民间，一般人不知道他们的来历，这些故事遂容易堆在一两个人的身上。在这些侦探式的清官之中，民间的传说不知怎样选出了宋朝的包拯来做一个箭垛，把许多折狱的奇案都射在他身上。包龙图遂成了中国的歇洛克·福尔摩斯了。

这段话有助于我们理解如今民众心中的包拯形象是如何逐步形成的。其实，历代的戏曲传奇中，对吕蒙正形象的塑造，也大致经历了同样一个过程，吕蒙正也和包拯一样是“有福”的“箭垛”。

在上一节，我们梳理了吕蒙正青少年时期直至进士及第授官的经历。在本节中，我们会考察元代以来关于吕蒙正的戏曲传奇故事，看一看吕蒙正的形象是如何经过不断的演绎，变成了现在的模样。

关于吕蒙正的戏曲传奇，版本颇多，择其要者，一是元代王实甫的《吕蒙正风雪破窑记》，二为明代的《彩楼记》，三为现代各戏种的《彩楼记》《吕蒙正赶斋》等折子戏。

1939 年商务印书馆出版的《孤本元明杂剧》中，第一篇即为王实甫的《吕蒙正风雪破窑记》。该杂剧共有四折，头折讲洛阳城内刘员外之女刘月娥，遵父命彩楼上抛球招婿，意外选中了寒儒吕蒙正。刘员外嫌吕蒙正寒酸，令月娥反悔，月娥执意不从。刘员外怒将其二人赶出家门，月娥随蒙正到城南破瓦窑中居住。吕蒙正的好友兼兄长寇准，数次与刘员外理论，劝他莫要嫌贫爱富，说穷秀才终有发达日。

《李九我批评破窑记》插图：彩楼招亲

《李九我批评破窑记》插图：饭后钟

第二折说吕蒙正贫困潦倒，在街上卖诗文为生，无以糊口，每日到白马寺中赶斋。刘员外恐其安于现状，不思进取，嘱咐白马寺长老改斋前撞钟为斋后撞钟，待吕蒙正闻得钟声赶来时，已无斋饭可食。吕蒙正受到羞辱，在山门外壁上题下两句诗：“男儿未遇气冲冲，懊恼阇黎斋后钟。”吕蒙正赶斋遇挫之际，刘员外夫妇来到破瓦窑中探望女儿月娥，劝其回家，月娥拒绝。刘员外怒将其砂锅等家什打碎。吕蒙正归来，问清原委。正烦恼之际，寇准来到寒窑，说遇到故交，赠其银子，叫他上朝应举。寇准邀吕蒙正同去。

第三折讲吕蒙正一去十年，方才状元及第，任故乡县令。返乡伊始，为窥月娥志节，命媒婆去寒窑中，谎称吕蒙正死了，有过路官人看上了月娥。刘月娥将媒婆骂出门去。吕蒙正又乔装改扮，回到寒窑，说自己落榜了，不曾得官。月娥深明大义，说：“但得个身安乐，还家重完聚。问什么官不官，便待怎的？”晚间就寝时，月娥发现蒙正身上“两三层麻布里裹珍珠”。吕蒙正才道出实情。

第四折，吕蒙正夫妇到白马寺烧香，看到前时所提诗句，被寺僧用碧纱笼罩着，遂续题二句云：“十年前时尘土暗，今朝始得碧纱笼。”刘员外来寺中认亲，吕蒙正、刘月娥拒不相认。恰巧此时已为宰相的寇准也来寺里降香，说明当年刘员外所为，是怕吕蒙正“因贪富贵，不肯进取功名”，当年所谓赠银的故人，其实就是刘员外。机关说破，前嫌冰释，骨肉团圆。

较之宋代，元代的读书人是不幸的，科举制度下“朝为田舍郎，暮登天子堂”的美梦难觅。王实甫在全剧的最后，不禁替元代的书生呐喊：“世间人休把儒相弃，守寒窗终有峥嵘日”。这反而恰恰说明了当时全社会对儒生的轻视。历史上吕蒙正在寒窑中苦读九载，最终蟾宫折桂、出人头地的故事，被王实甫拿来改造，添加了“佳人爱才子”的桥段，增加了“饭后钟”与“碧纱笼”的细节对比，来抒发元代书生的胸中块垒。《吕蒙正风雪破窑记》本身，也成了所谓“发迹变泰戏”的鼻祖。

明代的《彩楼记》故事，与王实甫《吕蒙正风雪破窑记》梗概大致相同，但又有变化。《古本戏曲丛刊二集》中的抄本《彩楼记》共二十出。第一出《家门始末》，三言两语交代全剧梗概。第二出《访友赠衣》，讲吕蒙正到好友陈君瑞处，听闻“刘丞相府中高结彩楼，招选门婿”，陈君瑞劝说吕蒙正前去，并赠衣御寒。第三出《命女求婿》，“官拜平章”的刘懋，吩咐院子“向十字街头高结彩楼，教女孩儿执绣登楼，自选佳婿”。第四出《抛球择婿》，刘千金选中了衣衫褴褛的吕蒙正。第五出《潭府逐婿》，刘懋以“姻亲也要门户相当”为由，拒不同意收留吕蒙正；刘千金愿随吕蒙正而去，二人被赶出相府。

第六出《投店成亲》，因离家路远，吕蒙正、刘千金二人投店借宿。其间因陋就简，两人吃交杯酒、拜天地成亲。第七出《店中被盗》，夜间趁二人熟睡之际，开店的王婆偷走了刘夫人送给刘千金的衣物首饰。夫妻二人天亮后发觉，喊来王婆质问，因无证据，又无力支付房钱，反被王婆赶走。第八出《夫妻归窑》，刘千金见识了破窑中“风扫地、月点灯、挂壁仓、不动床”的“景致”，清贫之状，令她落泪。第九出《赏雪忆女》，隆冬季节，天降大雪。刘懋自白曰：“前者吕蒙正，虽是一贫如洗，倒有满腹才学。本该留在府中，恐他贪恋荣华，不肯攻书，日后必耽搁我女，所以将他夫妻二人，双双赶出。他一定奋志攻书，日后毕竟荣耀。”刘懋被刑部王老爷请去赏雪，院子趁机向刘夫人说起吕蒙正与刘千金生活“一贫彻骨”，“或谒朱门求食，或去僧寺逻斋”。刘夫人听后心疼垂泪，吩咐院子和梅香次日同去探望小姐，送些银米接济。第十出《蒙正祭灶》，腊月二十四，吕蒙正因家贫，以“烟柴一根、清泉一盏”祭灶，发出“玉皇若问人间事，吕蒙正的文章不值钱，惟有我夫妻最可怜”的哀叹。刘千金劝慰吕蒙正说：“你乃宦门之子，暂时落魄，自有发达日子。”因家中无食，吕蒙正遂赴木兰寺赶斋。

第十一出《木兰逻斋》，“终日饭热，蒙正就来赶斋”，遭到木兰寺和尚嫌弃，遂改为“先吃饭后鸣钟”，让“吕蒙正来时一场空”。吕蒙正赶到时无斋可用，身上寒冷难当，便想烤火御寒。面对两个围在炉前烤火且并不友善的和尚，吕蒙正耍起了小聪明，他惊呼“那位师傅燃了衣了”，两和尚惊起找寻之际，吕蒙正遂向前占了位置烤火。两和尚想奚落其一番，吟诗请吕蒙正答对，没想到反遭吕蒙正的揶揄。和尚恼怒，假意给吕蒙正献茶，假装失手，将火浇灭。吕蒙正在粉壁上题诗“十度投斋九度空，恼恨阇黎饭后钟”，怏怏而归。第十二出《辨踪泼粥》，吕蒙正赶斋之际，院子与梅香奉了刘夫人之命，送银米与刘千金。梅香说：“夫人有言，请小姐回家去，天晴日暖再来。”刘千金说：“你拜覆夫人免挂怀，夫不身荣定不来。”院子、梅香走后，刘千金煮粥等蒙正归来。吕蒙正看到平日人迹罕至的窑前有“女迹男踪”，不禁起了疑心。刘千金将裙儿盖在他身上御寒，他叱之为“龌龊东西”。刘千金盛粥给他，吕蒙正想：家里无米，粥从何来？疑心更重，不吃，反说“龌龊不干净”“我劝你快莫要”“宁守清贫，不图浊富”云云，并质问粥食与地上脚踪来历。刘千金嗔怒，故意不答，顾左右而言他。小夫妻吵了半天嘴，后刘千金心疼吕蒙正，以实相告。蒙正醒悟，两人和好。刘千金问起木兰寺赶斋情形，吕蒙正讲起和尚泼水灭火，不小心作势将手中的粥泼了。正在叹息，学里的师爷派人来寒窑，送给吕蒙正头巾蓝衫，邀他上京应试。刘千金遂将母亲差人送来的银子与蒙正做路费。第十三出《春闱应试》，翰林学士以对联考吕蒙正，吕蒙正对答如流，被誉为“好奇才”。第十四出《虎撞窑门》，说刘千金独自在家，有猛虎临门，刘千金命在旦夕。第十五出《神坛伏虎》，土地、山神想救状元妻，却制服不了猛虎，急忙奏闻玉帝。玉帝命神坛赵元帅下凡救护，猛虎被降服。

第十六出《差书报捷》，“丹墀对策试英雄，御笔亲除第一名”，吕蒙正高中状元，派人回乡接取娇妻，因着急赴琼林宴，匆忙间不及修书，遂以宫花为信。第十七出《宫花报喜》，刘老夫人身边的梅香和吕蒙正派来的丑梅香先后来报喜，刘千金在前呼后拥下乘车赴京，万人空巷来观。第十八出《荣归谢窑》，吕蒙正夫妇衣锦荣归，拜谢恩窑。第十九出《重游旧寺》，和尚因之前轻慢过吕蒙正，恐其报仇，将吕蒙正题在粉壁上的诗用青纱遮罩。吕蒙正来到木兰寺，命人将青纱揭去，续题两句云：“二十年来尘土埋，今朝始得碧纱笼。”刘千金向吕蒙正求情，和尚免受责罚。吕蒙正夫妇看到寺庙颓堕，又出银一千两重修木兰寺。第二十出《喜得功名》，刘懋派院子请吕蒙正夫妇过潭府，起先吕蒙正还不情愿，抱怨说：“我乃卑鄙寒儒，怎敢入潭潭相府？”院子说了句意味深长的话，“状元，休论长和短，莫讲是和非”，令吕蒙正夫妇觉悟，遂赴相府。刘懋大排筵宴招待，夫妻美满，骨肉团聚，共享荣华。

明代《彩楼记》虽然不离“发迹变泰”故事的窠臼，但其哀怨之气已较《破窑记》减去不少。虽然也有和尚等人前倨后恭的对比，令吕蒙正感叹“世情看冷暖，人面识高低”，但更多的是对于刘千金不离不弃苦守寒窑的歌颂与夫妻苦尽甘来共享荣华的歆羡。

时至今日，各剧种的《彩楼记》故事与众多的折子戏，在继承传统的同时，又有了富于时代特点的创新。限于篇幅，我们仅以作家出版社1955年出版的周企何等人整理的川剧《彩楼记》为例，略为说明。

川剧《彩楼记》较之明代《彩楼记》，有几个新的特点：一是增加了插科打诨的内容，如彩楼抛球择婿一场，多了公子甲乙丙诸多可笑的角色。二是增加了《慢师》一场，说刁员外延请吕蒙正为塾师，除了教书，还要他写账目，吕蒙正不答应，与之争吵，最终不辞而去。刁员外瞧不起读书人，说：“依我看孔子孟子，抵不得我两仓谷子；他的书读得多，就是当不得饭。”突出表现了吕蒙正这样的读书人遭到普通人轻贱的境遇。三是故事情节的改变，刘懋嫌弃吕蒙正不再是出于一片苦心，而是彻彻底底的嫌贫爱富。最终衣锦还乡的吕蒙正夫妇与刘老夫人在木兰寺中相会，而刘懋“派有四十名人役，两乘青纱大轿，迎接状元、小姐，在相府安身”。吕蒙正说：“不必了，烦你们转达你家相爷，状元公此番回籍迎接夫人，三日之后，即将回京，不来叨扰！”翁婿彻底决裂，更加快意恩仇。此外，语言上也更富有地方特色。

不同时代的吕蒙正故事，既有着不同的时代特色，也保留着一些共性。这些共性内容，与历史上真实的吕蒙正事迹相比，有三处最显著的不同。

一是杜撰了彩楼抛球择婿引发的才子佳人故事。真实的吕蒙正，科举高中之前，并没有那样一番离奇经历，也没有遇到那样一位姓刘的夫人。真实的情况是，吕蒙正于开宝九年（976）赴东京汴梁赶考，是与母亲刘氏一起的，现存史料中并无其彼时已娶妻的记载。吕蒙正的第一位夫人姓宋，迎娶时间虽不详，但从吕蒙正生平经历、宋氏籍贯长安县、宋氏堂兄宋泌与吕蒙正同年及第、吕蒙正四十多岁时其长子才出生等多种线索推断，应在吕蒙正及第之后。这样，似乎可以认为，戏曲传奇将现实中吕蒙正与母亲刘氏相依为命的经历，变成了吕蒙正与妻子刘月娥伉俪情深的故事，并由此衍生出“辨踪泼粥”等种种情节。这些爱情故事，被附会到吕蒙正身上，可称之为“无中生有”。

二是增加了赶斋的戏剧性情节。吕蒙正曾得到洛阳利涉院僧人的帮助，于寺中赶斋，倒也在情理之中。但是“饭后钟”故事，却是移花接木得来的。五代的王定保在《唐摭言》“起自寒苦”条中，记载了唐代人王播的经历：

> 王播少孤贫，尝客扬州惠昭寺木兰院，随僧斋餐，诸僧厌怠，播至，已饭矣。后二纪，播自重位出镇是邦，因访旧游，向之题已皆碧纱幕其上。播继以二绝句曰：二十年前此院游，木兰花发院新修。如今再到经行处，树老无花僧白头。上堂已了各西东，惭愧阇黎饭后钟。二十年来尘扑面，如今始得碧纱笼。

北宋孙光宪在《北梦琐言》“段相踏金莲”条中，也记载了另一人的类似遭遇：

> 唐段相文昌，家寓江陵，少以贫窭修进，常患口食不给，每听曾口寺斋钟动，辄诣谒餐，为寺僧所厌，自此乃斋后扣钟，冀其晚届而不逮食也。后入登台座，连出大镇，拜荆南节度，有诗《题曾口寺》云：“曾遇阇黎饭后钟。”盖为此也。

在元代王实甫那里，利涉院变成了白马寺，但终归都在洛阳，还有史实的影子在。到了明代的《彩楼记》，白马寺一变而为木兰寺，显然是将唐人王播、段文昌的故事，射到吕蒙正这个“箭垛”上来。这是吕蒙正戏曲传奇故事的第二种来源：移花接木。

三是对细节的“合理想象”。吕蒙正早年的生活，史料中只有“颇沦踬窘乏”寥寥数语。这就为后来的演绎者提供了广阔的想象发挥空间。比如访友赠衣、蒙正祭灶、遭人轻视等细节，揆之情理或有，案之史籍全无。当然，像虎撞窑门、神坛伏虎等情节，现在看来固然不“合理”，但是明人对于这些想象合理与否的评价，可能与我们并不相同。

总之，吕蒙正戏曲传奇故事，是在真实的“本事”基础上，经过多人之手之口，不断羼入艺术加工，经过无中生有、移花接木、合理想象等途径，逐步丰富发展起来的。

一、在昇州通判任上

昇州，就是五代十国南唐的江宁府，亦即今日的南京。开宝八年（975），曹彬率领宋军讨伐南唐。既然两国交恶，南唐所谓的“江宁府”自然也不被北宋所承认，宋廷遂将其改回旧称“昇州”。是年冬十一月，昇州被攻破，南唐亡国。也就是说，太平兴国二年（977）三月二十四日，当吕蒙正被任命为昇州通判准备赴任之际，昇州还是一个刚刚被收复一年多的地方。

在这个地方，吕蒙正遇到了他日后非常重要的同僚，知昇州的贾黄中。

贾黄中，沧州南皮人，后晋天福六年（941）出生在一个官僚家庭。在父亲的悉心教导下，贾黄中6岁举童子科，15岁举进士，很早就开始了仕宦生涯，历经后周、北宋两朝，出入内外。开宝九年（976），36岁的贾黄中知宣州。宣州原是南唐领土，此时刚被并入北宋版图。这一年，宣州遇到了饥荒，“民多为盗，黄中出己奉造糜粥，赖全活者以千数，仍设法弭盗，因悉解去”。他慷慨解囊，帮助宣州百姓度过了一次严重的饥荒，消弭了一场迫在眉睫的动乱。

太宗即位后，贾黄中曾被短暂调回中央，《长编》“太平兴国二年正月丙寅”条，有太宗命礼部员外郎贾黄中等三人分掌左藏三库的记载。二月，昇州的首任知州杨克逊在履职一年多后，被召回开封，贾黄中被任命为第二任知州。三月，吕蒙正被任命为昇州通判。

大概就在他们履职伊始，有一天，贾黄中在官署中巡视，看到有一间屋子锁得结结实实，便让手下人打开，发现里面有数十柜的金银财宝，价值数百万钱，原来是当年李煜宫殿中的东西。贾黄中立即将这批财宝上交，并写奏章说明情况。太宗看过贾黄中的奏章后，对身边大臣说："要不是贾黄中廉洁恭谨，这亡国之宝，将要使人违犯法律而受到伤害了。"太宗下令赐给贾黄中三十万钱。

贾黄中在任上偶然发现了李煜当年宫中的财宝，这是曹彬登记战利品时的漏网之鱼。这笔意外之财中央是完全不知道的，换作别人，全盘纳入自己囊中或者自己贪墨一部分、上交一部分，都不是没有可能，可是贾黄中却如数上交了。我们当然不能否认贾黄中"廉洁恭谨"的品格，但是别忘了贾黄中身边也是有肩负监察官吏职责、号称"监州"的通判——吕蒙正来辅助、监督的。这件好事背后，或许也有吕蒙正的一点贡献。

《宋史》记载贾黄中这一时期的政绩说："时金陵初附，黄中为政简易，部内甚治。"与这样一位有着较高文化素养、丰富行政经验，且以"不折腾"为指导思想的知州共事，吕蒙正应该过得比较轻松。

吕蒙正在昇州通判任职两年左右。在这期间，远在开封的庙堂之上，正在酝酿着一件大事。

宋太祖在位期间，按照"先南后北"的战略方针，次第削平诸国，平荆湖、下巴蜀、亡南汉、取南唐，距离混一宇内的梦想越来越近。太宗即位后，很自然地延续了这种趋势。

太平兴国三年（978）四月，在南唐降宋两年多后，迫于形势，曾被太祖任命为平海军节度使的陈洪进赴开封觐见太宗，将治下泉州、漳州两郡十四县奉上，结束了该地自五代以来就割据一方的局面。

陈洪进纳土之际，吴越国王钱俶正在开封。开宝八年（975）北宋讨伐南唐的时候，太祖曾任命钱俶为昇州东南行营招抚制置使。钱俶不顾属下与李煜“唇亡齿寒”的劝告，亲率兵五万进攻南唐的常州等地，为北宋兼并南唐立下功勋。开宝九年（976）二月，在李煜君臣被俘虏到开封一个月之后，钱俶也到开封觐见太祖，太祖对他恩宠礼遇有加，挽留他在开封住了两个月，方允其返回杭州。钱俶离开后半年，太祖去世，太宗即位。钱俶这次时隔两年，又到开封，朝见太宗，没想到赶上了陈洪进纳土。前一次钱俶来开封的时候，就有不少北宋的大臣上书太祖，建议趁机把钱俶留下，兼并其土地，太祖没有采纳。这次有了陈洪进的榜样，钱俶不能不恐惧。刚开始，他想放弃一系列待遇与权力，以换取太宗允其返回杭州，然而“帝不许”。手下人劝他：“朝廷意可知矣，大王不速纳土，祸且至！”不得已，钱俶“上表献其境内十三州、一军、八十六县”。

至此，“先南后北”战略中的南方地区已经全部并入北宋版图。太宗将目光投向了割据今日山西中北部地区的北汉。

太平兴国四年（979）正月，太宗积极布置，调兵遣将，准备收复北汉。二月，太宗离开京师，御驾亲征。四月，太宗抵达太原城下，亲自督战。“帝至，督战益急，城无完堞。”“帝亲督诸将士进薄城下，列阵于前，蹲甲交射，矢集城上如蝟毛。”五月，北汉主刘继元投降，北汉灭亡。

顺利收复北汉之后，太宗有了乘胜北上，从辽人手中夺取幽州（今北京）的打算。宋军围攻太原累月，粮饷快用完了，军士们十分疲乏。攻下太原后，将士们也没有获得奖赏。此时，大家都不愿再战，但无人敢言，大军遂北上。

刚开始北上进展颇为顺利，岐沟关等地守将不战而降，六月下旬，太宗一行抵达幽州城下。但辽治下的幽州毕竟与“弹丸黑子之地”的北汉不同。七月初，辽军与宋军在高梁河发生激战，宋军大乱，太宗腿中两箭，狼狈南返，于七月底回到开封。

八月底，发生了太祖长子赵德昭被逼自杀事件。《长编》载：

> 初，武功郡王德昭从征幽州，军中尝夜惊，不知上所在，或有谋立王者，会知上处，乃止。上微闻其事，不悦。乃归，以北征不利，久不行太原之赏，议者皆谓不可，于是德昭乘间入言，上大怒曰："待汝自为之，赏未晚也。"德昭惶恐，还宫，谓左右曰："带刀乎？"左右辞以宫中不敢带。德昭因入茶酒阁，拒户，取割果刀自刎。上闻之，惊悔，往抱其尸，大哭曰："痴儿，何至此耶！"追封魏王，谥曰懿。

太宗在高梁河之战中受伤，只身逃亡，宋军将士们一时不知太宗下落，以为其或者死难，或者被俘，便有人提出拥立当时在军中的赵德昭为帝。考虑到太宗的长子元佐当时就在军中，一班元老大臣赵普、薛居正、卢多逊等也在军中，这种提议就很微妙了。后来，人们得知太宗已经脱险南逃，此议遂不了了之。但这事传到了太宗耳朵里，太宗很不高兴。攻打幽州虽然失败了，但是北汉毕竟成功收复，本应该给予将士们奖赏，太宗或许是对拥立德昭之议耿耿于怀，很久也没有论功行赏，众人都很有意见。赵德昭大概认为自己是太宗至亲，有责任将众人意见反映上去，便找机会说起这事。猜忌心重的太宗大怒，说出狠话："等你当上皇帝的时候，再封赏也不迟。"德昭见叔父这样说他，知为其忌惮，遂自杀。

对于太宗皇帝来说，太平兴国四年（979），是难忘的一年。对时年 36 岁的吕蒙正来说，也是重要的一年。

这一年的春天，吕蒙正卸任昇州通判，返还的时候，正赶上太宗亲征北汉，于是就追到太宗的行在，朝见述职。一同或先后朝见的还有同榜进士王沔，两人被授予了相同的新官职：著作郎、直史馆。

二、为人所重的词臣

著作郎，全称为秘书省著作郎，是“寄禄官”，表明所享受的政治与经济待遇，从五品下，并无职事。直史馆，是史馆的中级官员，与地位比其略高的史馆修撰、判史馆事分撰日历。所谓日历，是按日记载朝政事务的册子，是纂修国史的依据。

不久，太宗又赋予吕蒙正更多的职责。《宋史》与《神道碑》对此的记载有一点无足轻重的差异：《宋史》载“加左拾遗”，《神道碑》则说“旋加右拾遗，服银绯”。左、右的不同，大概是传抄过程中出现了讹误。事实上，除左比右尊和左拾遗名义上隶属于门下省、右拾遗名义上隶属中书省外，左、右拾遗的品级、职责，并无不同。“拾遗”取“国家有遗事，拾而论之”之意。“掌供奉讽谏，扈从乘舆。凡发令举事，有不便于时，不合于道，大则廷议，小则上封。若贤良之遗滞于下，忠孝之不闻于上，则条其事状而荐言之。”也就是说，是在皇帝身边负责为朝政查漏补缺的谏官。吕蒙正被任命加此兼职，意味着有了向皇帝建言的责任和权利。

“服银绯”是指“服绯”，“佩银鱼袋”。吕蒙正及第释褐的时候，曾被赐予绿袍，那是较低等级官员的公服，称为“服绿”。随着官阶的提升，吕蒙正步入中层序列后，衣饰自然随之改变。北宋前期，四品、五品官常服服绯。绯就是红色。官阶再提升，三品（含）以上，就要服紫了。前述的明代《彩楼记》中，吕蒙正及第授官后，有句唱词是“喜得今朝挂绿袍”，是没错的。现代川剧《彩楼记》里面，吕蒙正及第授官后，则唱“蒙正今日着紫袍”，那就不对了。

宋代官员的章服构成元素中，还有所谓的“佩鱼”，即佩于腰带而垂于背后、有金或银制鱼形装饰物的袋子。有金鱼袋、银鱼袋之别，分别与紫、绯颜色的常服配套使用。

吕蒙正自太平兴国四年（979）开始担任直史馆、右拾遗，任职一年左右。这两个职务尽管不参与机要决策，却非常接近皇帝，可以了解帝王言行举动，有机会直接向帝王建言献策。将吕蒙正安排在自己身边，这既表明了太宗的认可，也给了吕蒙正出人头地、脱颖而出的机会。果然，不多久，吕蒙正再次得到了提升。

《宋史·吕蒙正传》载："五年，亲拜左补阙、知制诰。"《神道碑》载："五年，转左补阙，知制诰，服金紫。"补阙，即"国家有过阙，闻而补正之"，其职责，与拾遗相同。但是，拾遗的品位低于补阙，虽然吕蒙正此时并不以拾遗、补阙来做寄禄官（吕蒙正的寄禄官著作郎，已经是从五品下），职责也并不改变，但是其兼职，从拾遗改为补阙，仍被视为是一种拔擢。"转"与"亲拜"，应作如是观。

知制诰与后面吕蒙正将要担任的翰林学士两个职务，都是负责草拟中央重要文书的。区别在于，知制诰在中书领导下撰写外制，而翰林学士代表皇帝撰写内制。后者的级别更高，内容更重要。时人将知制诰与翰林学士并称为"词臣"。宋太宗非常看重这两个职务，据《长编》载：

> 上尤重内外制之任，每命一词臣，必咨访宰相，求才实兼美者，先召与语，观其器识，然后授之。尝谓左右曰："诏臣之选，古今所重。朕早闻人言，朝廷命一知制诰，六姻相贺，以谓一佛出世，岂容易哉！郭贽南府门人，朕初即位，因其乐在文笔，遂命掌诰。颇闻制书一出，人或哂之，盖其素乏时望。业已进用，朕亦为之腼颜，然亦终不令入翰林也。"

从太宗口中，我们得知，看重词臣之任的，其实不仅是太宗。一人被朝廷任命为知制诰后，他的亲戚们都会来庆贺，说是像一佛出世那样不容易。"一佛出世"的说法，来自佛教。佛教认为，历几百上千年，整个世界经历一次毁灭与重生，才有一佛出世。百姓借用这个说法，将

“知制诰”比作出世之佛，可见对其看重的程度。

《神道碑》中关于吕蒙正“服金紫”的记载显然有点问题。此时吕蒙正的本官，为从五品下的著作郎，而服金紫，按规定，本官是要在三品（含）以上的。假若官品尚未到达规定的级别，而作为一种褒扬勉励的手段，朝廷特许改转服色，换紫服、佩金鱼袋，则应称为“赐紫金鱼袋”，又称“赐金紫”。知制诰被赐金紫，太祖朝已有先例，太祖开宝三年（970）二月丁亥，“兵部员外郎、知制诰卢多逊对于长春殿，赐金紫”。宋初“兵部员外郎”的级别，是从六品上，比吕蒙正此时的本官——从五品下的著作郎还要低些。《神道碑》的记载虽不确切，但大致可信，这也说明了太宗对于吕蒙正这位榜魁格外的青睐与寄望。

吕蒙正负责知制诰，从太平兴国五年（980）开始，到太平兴国八年（983），这三年间，和他一同担任知制诰的，还有他的老上级贾黄中、同榜进士李至。

太平兴国五年（980），贾黄中卸任知昇州，返回中央。“有荐黄中文学高第，召试中书，拜驾部员外郎、知制诰”，任命的具体时间，据《宋九朝编年备要》记载，是在当年五月。

李至是真定人，太平兴国二年（977）与吕蒙正同榜进士及第，被授予将作监丞、通判鄂州，“旋擢著作郎、直史馆。会征太原，命督泽潞刍粮，累迁右补阙、知制诰”，和吕蒙正的晋升路径非常相似。

三人除完成日常工作外，还曾在太平兴国八年（983）初“同知贡举”，即负责主持进士考试的工作。

吕蒙正劝父母和好的事情，就发生在这一时期，时间大约在太平兴国七年（982），《神道碑》载：

> 父讳龟图，皇起居郎，赠尚书令。母彭城刘氏，封徐国太夫人。公掌诰时，会令君朝京师，公跪而泣于令君、徐国，且告曰：“大人母氏皆老矣，不肖子不忍见兹睽忤不偶，愿复故

好，敢以死请。”语讫又伏于前，泣下不止。令君、徐国不得已，怜而从之，然终异堂而处。公晨暮交走，咸尽色养，人于是始知公之纯孝大行于其家也。

事实上，吕蒙正“晨暮交走，咸尽色养”的日子并没有持续多久，最多不过一年，《宋史》在“及蒙正登仕，迎二亲，同堂异室，奉养备至”的记载之后，紧接着便交代说“龟图旋卒，诏起复”。吕蒙正自少年时代起，便与母亲相依为命，入仕为官后，大概也一直把母亲留在身边奉养。此时，在开封任“知制诰”期间，恰巧吕龟图来到京师，吕蒙正便把父亲也接到身边，以尽孝道。吕蒙正小时候被父亲赶出家门，在长大成人、功成名就之后，却能不计前嫌，把父亲接到身边，尽色养之孝。这让人联想起《史记·五帝本纪》中那个常被父亲瞽叟暗算，却仍至孝的虞舜。吕蒙正的这些品行，让他的声望日高。

太平兴国八年（983）五月，吕蒙正“迁都官郎中，召入翰林充学士”。与吕蒙正同时被授予此职的，还有宋白、贾黄中、李至、李穆，五人均为一时人望。翰林学士院的长官——翰林学士承旨扈蒙用“五凤齐飞入翰林”来形容夸耀此事。这五人中，吕蒙正后来做到宰相，贾黄中、李至、李穆都做到参知政事，宋白的本官做到尚书，担任翰林学士承旨。

这次升迁，吕蒙正的“本官”由“著作郎”变为“都官郎中”，后者的全称为“尚书省刑部都官司郎中”，级别为从五品上。翰林学士，与知制诰负责起草外制相对，负责起草内制。《宋史·职官志》记载翰林学士的执掌为：“掌制、诰、诏、令撰述之事……凡宫禁所用文词皆掌之。乘舆行幸，则侍从以备顾问，有献纳则请对。”关于内制的重要性，欧阳修曾说：“学士所作文书，皆系朝廷大事。示于后世，则为王者之训谟；藏之有司，乃是本朝之故实。”

吕蒙正被任命为翰林学士之后不久，吕龟图去世了。按当时制度，父母去世以后，子女应该去官为父母守孝 3 年。但是，当居丧者到达一定级别后，又有所谓“夺情”制度。“凡夺情之制，文臣谏舍以上，牧伯刺史以上，皆卒哭后恩制起复。”吕蒙正当时任都官郎中、翰林学士，在应予“夺情”之列。大约为父亲服丧百日之后，在皇帝的命令下，吕蒙正又重回岗位任职了。

回到岗位不久，太平兴国八年（983）十月，太宗下令重修兖州孔庙，并让吕蒙正撰写碑铭。孔子在唐代被追封为文宣王，吕蒙正奉旨所写的这篇《大宋重修兖州文宣王庙碑铭并序》是其唯一流传至今的完整文章。出于体例要求，颇有些骈俪藻饰，但在其中仍能窥见吕蒙正的文风。

大宋重修兖州文宣王庙碑铭并序

起复翰林学士、朝散大夫、尚书都官郎中、知制诰、柱国、赐紫金鱼袋臣吕蒙正奉敕撰，翰林待诏、朝散大夫、少府监丞臣白崇矩奉敕书并撰额。

圣人之兴也，能成天下之务，能通天下之志，然亦不能免穷通否泰之数。是故有其位则圣人之道泰，无其位则圣人之道

大宋重修兖州文宣王庙碑额

否。大哉，夫尧、舜、禹、汤，其有位之圣人乎！我先师夫子，其无位之圣人欤！昔者大道既隐，真风渐漓。有为之迹虽彰，禅代之风未替。繇是尧、舜、禹、汤，苞至圣之德，有其位，故德泽及于兆民。逮乎周室衰微，诸侯强盛，干戈靡戢，黔首畴依。繇是仲尼有至圣之德，无其位，所以道屈于季、孟。呜呼！夫子以天生之德，智足以周乎万物，道足以济于天下，而栖遑列国，卒不见用，得非其道至大，而天下莫能容乎？复乃当时之生民不幸乎？向使有其位，用其道，又何止夹谷之会，沮彼齐侯，两观之下，诛其正卯，坟羊辨土木之妖，楛矢验蛮夷之贡？必将恢圣人之道，功济乎宇宙，泽及于黎庶矣，奚一中都宰、大司寇，可伸其圣道哉？嗟夫！文王没而斯文未丧，时命屯而吾道不行，可为长太息矣。洎乎《河图》不出，凤德云衰，爰困蔡以厄陈，遂自卫以返鲁。于是删《诗》《书》，赞《易》象，因史记作《春秋》。大旨尊王者而黜霸道，威乱臣而惧贼子。然后损益三代之礼乐，褒贬百王之善恶。芜而秽者芟而夷之，紊而乱者纲而纪之。建末俗之郛郭，垂万祀之楷则。遂使君臣父子咸知揖让之仪，贵贱亲疏皆识等夷之数。功均造物，德被生人。昭昭焉，荡荡焉，与日月高悬、天壤不朽者，夫子之道乎！故曰“自生民以来未有如夫子者也”。非夫道尊德贵，惟几不测，孰能与于此乎！故天下奉其教，尊其像，祠庙相望者岂徒然哉！自唐季而下，晋汉以还，中原俶扰，宇县分裂。四郊多垒，鞠为战斗之场；五岳飞尘，竞以干戈为务。周虽经营四方，日不暇给。故我素王之道，将坠于地；光阐儒风，属在昌运。

我宋应运统天睿文英武大圣至明广孝皇帝之缵宝位也，以徇齐之德，兼睿哲之明。总揽英雄之心，苞括夷夏之地。皇明有赫，圣政日新。解网泣辜，示至仁于天下；侮亡取乱，清大憝于域中。复浙右之土疆，真王匍匐而听命；伐并汾之坚垒，凶竖倒戈而系颈。戎车一驾，扫千里之袄氛；泰坛再陟，展三代之缛礼。拯乱则吊伐，非所以佳兵也；惩恶则止杀，盖所以遵法也。然后修礼以检民迹，播乐以和民心。礼修乐举，刑清俗阜，尚犹日慎一日，躬决万机。近甸绝禽荒之娱，后庭无游宴之溺。遂得群生亹亹，但乐于天时；万汇熙熙，不知乎帝力。信可以高视千古，躏轹百王。谓皇道既以平，华戎又以宁，尔乃凝神太素，端拱穆清。阐希夷之风，诠真如之理。间则披皇坟而稽帝典，奋睿藻以抒宸章，哲王之能事备矣，太平之鸿业成矣。居一日，乃御便殿，谓侍臣曰："朕嗣位以来，咸秩无文，遍修群祀。金田之列刹崇矣，神仙之灵宇修矣，惟鲁之夫子庙堂未加营葺，阙孰甚焉。况像设庳而不度，堂庑陋而毁颓。触目荒凉，荆榛勿剪。阶序有妨于函丈，屋壁不可以藏书。既非大壮之规，但有岿然之势。倾圮浸久，民何所观？"上乃鼎新规，革旧制，遣使星而蒇事，募梓匠以僝功。经之营之，厥功告就。观夫缭垣云矗，飞檐翼张。重门呀其洞开，层阙郁其特起。绮疏瞰野，朱槛凌虚。眈眈之邃宇来风，巘巘之雕甍拂汉。回廊复殿，一变惟新。升其堂，则藻火黼黻，昭其度也；登其筵，则豆笾簠簋，洁其器也。春秋二仲，上丁佳辰，牢醴在庭，金石在列。侁侁众贤，以配以侑。凛然生气，瞻之如在。时或龟山雨霁，岱岳云敛，则重栌叠拱，丹青晃日月之光；龙桷云楣，金碧焜烟霞之色。轮奂之制，振古莫俦；营缮之功，于今为盛。繇是公卿庶尹，鸿儒硕生，相与而言曰：凡明君之作事也，不为无益害有益，必乃除千古之患，兴万世之利，然后纳华夷于轨物，致黔首于仁寿。夫子无位，立教化人，以文行忠信敦俗，以冠婚丧祭为民立防，与世垂范。是以上达君，下至

大宋重修兖州文宣王庙碑

民，用之则昌，不用则亡。我君膺千年而出震，奄六合以为家。一之日、二之日，访蒸黎之疾苦；三之日、四之日，辨官材之淑慝。尔乃修武备，崇文教，轻徭薄赋，兴废继绝。于是睠我先师，严其庙像，栋宇宏壮，仅罕伦比。遂使槐市杏坛之子，竞鼓箧以知归；褒衣博带之儒，识横经之有所。矧乃不蠹民财，不耗民力，时以农隙，人以悦使。向谓兴万世之利者，斯之谓欤！与夫秦修阿房，唯矜土木之丽，楚筑章华，但营耳目之玩，可同年而语耶？将勒贞珉，合资鸿笔。臣词惭体要，学谢大成。彤庭猥厕于英翘，内署谬司于纶诰。颂圣君之德业，虽效游扬；仰夫子之文章，诚惭狂简。恭承睿旨，谨抒铭曰：

周室衰微兮诸侯擅权，鲁道有荡兮礼乐缺然。神降尼丘兮德钟于天，挺生夫子兮丧乱之年。秀帝尧之姿兮类子产之肩，苞圣人之德兮禀生知之贤。删《诗》定《礼》兮纠缪绳衍，智冥造化兮功被陶甄。下学上达兮仁命罕言，将圣多能兮名事正焉。道比四渎兮日月高悬，仰之弥高兮钻之弥坚。历聘诸国兮陈蔡之间，时不用兮吾道迍邅。麟见非应兮反袂涟涟，梁木其坏兮叹彼逝川。王爵疏封兮衮冕联翩，百世嗣袭兮庆及赏延。明明我后兮化浃无边，崇彼庙貌兮其功曲全。高门有关兮虚堂八筵，吉日释菜兮陈彼豆笾。雕甍画栱兮旦暮含烟，海日一照兮金翠相鲜。帝将东封兮求福上玄，千乘万骑兮轰轰阗阗。谒我新庙兮周览蹁跹，肆覲群后兮岱宗之前。

太平兴国八年岁次癸未，十月癸未朔，十六日戊戌建。

吕蒙正的这篇文章表达了这样几个意思：首先是歌颂了孔子在政治上不能施展抱负的逆境中制礼作乐的伟大功绩；其次是叹惜近代以来，中原多故，孔子之道不行的事实；再次赞美了太宗即位以来的各项措施使得四海升平；最后交代了太宗下令重修孔庙的经过，夸耀新完工的孔庙美轮美奂，肯定了它的教化作用。

贾黄中知昇州时，吕蒙正担任该州通判，后来两人先后回到中央，担任知制诰。再后来，又同时被任命为翰林学士，可谓颇有缘分。但是两人之后的命运轨迹开始分离，这与贾黄中在学士院任职期间的表现有关。《宋史·贾黄中传》载：

> 黄中端谨，能守家法，廉白无私。多知台阁故事，谈论亹亹，听者忘倦焉。在翰林日，太宗召见，访以时政得失，黄中但言："臣职典书诏，思不出位，军国政事，非臣所知。"上益重之，以为谨厚。

贾黄中"思不出位"的"谨厚"性格，更适合做文字性的工作而不是参谋性的，所以，贾黄中这个翰林学士，一直做到淳化二年（991）。此后贾黄中被提拔为参知政事，即副宰相，"卒无所建明，时论不之许"，只干了两年，便于淳化四年（993）被罢。

实际上，翰林学士在起草内制诏令的同时，还肩负着备皇帝顾问，参与议政的职责，即所谓的"乘舆行幸，则侍从以备顾问，有献纳则请对"。与贾黄中不同，在太宗面前，吕蒙正表现出了相当的见地与担当，赢得了太宗的认可。任翰林学士仅半年，吕蒙正就在太平兴国八年（983）十一月壬申，被"擢为左谏议大夫，参知政事"。与他一同被晋升的，还有他的同年李至。李至自翰林学士、都官郎中、知制诰"拜右谏议大夫，参知政事"。

谏议大夫的官品，由隋至宋，颇经历了一些反复，也由此导致了不少今人在认识上有了一些偏差。据《旧唐书》载，隋于门下省置谏议大夫，从四品下。唐高祖武德四年（621），将其官品改为正五品上。唐武宗会昌二年（842），又将其官品升为正四品下。又据《五代会要》，后晋天福五年（940），因谏议大夫"为清望"，进一步将其官品提升为正四品。后周显德五年（958），后周世宗柴荣敕令说："谏议大夫宜依旧正五品上，仍班位在给事中之下。”两年后，宋太祖接受后周恭帝的禅让，改朝换代，这次政变，虽是以武力为后盾，但仍是以和平的形式完成的。宋初的谏议大夫官品，当然是继承后周定制的可能性更大。此外，宋初官员的迁转，常常是由谏议大夫到给事中，给事中的官品，是毫无疑义的正五品上。假如谏议大夫的官品真的是承袭唐制为正四品下的话，那么就会出现升迁之后，官品反而降低的情形，这也是不太可能的。

左、右谏议大夫，级别均是正五品上，但左比右尊。吕蒙正与李至的本官都得到提升。参知政事，在宋代为副宰相，与负责军事事务的枢密院长贰，统称为执政。北宋“中书主民，枢密主兵，三司主财”，作为中书的长官，“宰相与参知政事多不过五员，两相则三参，三相则两参”，这说明，尚不到 40 岁的吕蒙正已经位至执政，进入当时的领导核心。

这个领导核心的组成人员一共是五位，早于吕蒙正、李至参知政事的任命二十天，宋琪、李昉同时被任命为宰相。和吕蒙正、李至一同任命为参知政事的，还有李穆。李穆早年因为“文学操履”被太祖所知，被太祖誉为“士大夫之仁者也”。太平兴国八年（983）春，李穆曾与吕蒙正等人同知贡举。五月，二人同被任命为翰林学士，又同被任命为参知政事。但很不幸，李穆的任命刚刚颁布一个多月，他的母亲便病故了。李穆是至孝之人，本想去官为母亲守孝，却被夺情起复。“穆三上表乞终制，诏强起之，穆益哀毁尽礼。九年（984）正月，晨起将朝，风眩暴卒。”从当年十一月被任命，到第二年正月突然死亡，李穆事实上没能履职。

从太平兴国四年（979）回到中央任职算起，到成为副宰相，也就是宋人口中的“执政”，吕蒙正与李至只用了五年时间，从太平兴国二年（977）进士及第算起，也不过用了七年的时间，太宗对于“天子门生”的厚爱，可见一斑。

三、太宗的心事

自卸任昇州通判返回开封，到被任命为参知政事这段时期，吕蒙正主要是以“词臣”身份负责内外制。同一时期，太宗的主要注意力，则在巩固帝位与解决继承人问题。这对任何统治者来说，本都是极正常的事。但是，由于宋太宗是通过非正常手段取得帝位的，其继位合法性面临着朝野的普遍质疑。所以，太宗巩固帝位的措施便愈发明显而急迫。

漳泉、吴越纳土，收取北汉，攻打幽州，是试图通过建立武功树立权威；重用开封府的旧僚属，扩大科举取士规模，让新及第进士们肩负重要的职务，是在用“掺沙子”的手段，巩固拥戴势力的组织基础。“诏诸道转运使察州县官吏能否，第为三等，岁终以闻”，“分命亲信于诸道廉官吏善恶，密以闻”，是通过加强明里暗里的监察，来鉴别威慑官吏。这也反映到当时的文学创作中，宋人蔡絛在《铁围山丛谈》中讲一则“杀丐遗刀”的故事：

> 太宗始嗣位，思有以帖服中外。一日，辇下诸肆有为丐者，不得乞，因倚门大骂，为无赖者。主人逊谢，久不得解。即有数十百众，方拥门聚观，中忽一人跃出，以刀剚丐者死，且遗其刀而去。会日已暮，追捕莫获。翌日闻奏，太宗大怒，谓是犹习五季乱，乃敢中都白昼杀人，即严索捕，期必得。有司惧罪，久之，迹其事，是乃主人不胜其愤而杀之耳。狱将具，太宗喜曰：“卿能用心若是！虽然，第为朕更一覆，毋枉焉。且携其刀来。”不数日，尹再登对，以狱辞并刀上。太宗问：“审乎？”曰：“审矣。”于是太宗顾旁小内侍：“取吾鞘来！”小内侍惟命。即奉刀内鞘中，因拂袖而起。入曰：“如此，宁不妄杀人！”

太宗自己微服私访的时候，遇到了乞丐因向店主人乞讨不得，耍无赖骂街的事。正在众人围观的时候，忽然有一人跳出来，拿刀把那个乞丐给砍死了，并把凶器扔在了现场。行凶者逃脱了。第二天，太宗的亲弟弟、时任开封府尹的赵廷美将此事报告给太宗，太宗大怒，说这是沿袭五代乱世的恶习，在京师竟敢大白天杀人。责令严加缉捕，务必追得凶手归案。皇帝亲自督办，给具体侦办此案的人以极大压力。在追凶工作迟迟没有实质性进展的情况下，办案人员大概通过屈打成招的手段，打算以店主人不堪忍受乞丐的叫骂而将乞丐砍杀结案。太宗听到报告后，高兴地对廷美说："爱卿这样用心破案，很好。尽管如此，为免冤枉，还是再重新审核一下，并且把那把刀带来。"过了没几天，廷美将结案报告和刀面呈太宗。太宗问："核实了吗？"廷美答曰："核实过了。"太宗这时对身旁的小宦官说："把我的刀鞘拿来。"小宦官拿来后，太宗将刀纳入刀鞘，拂袖而去。回到宫中，太宗对身边人抱怨说："这样办案，不是乱杀人吗！"

太宗一方面通过种种手段树立权威，巩固自己的帝位；另一方面处心积虑地解决将来的帝位继承问题。宋太祖去世的时候，其长子德昭已经 26 岁，次子德芳已经 18 岁，都不算年幼，按长久以来"父死子继"的传统，两人是完全有资格继位的。但是，太祖去世得非常突然，似乎并没有对继承人问题有过明确的布置。虽然太祖之弟，即后来的太宗赵光义，已经于开宝六年（973）封晋王，兼开封尹，具备了五代以来约定俗成的准皇储地位，但是那并不意味着太祖就打算在自己百年之后将皇位传给弟弟，而不是传给亲生儿子。

宋之前的五代，不过短短 53 年，却有"六姓十三君"，军事政变接连不断地上演。为避免后周末年"主少国疑"局面的出现，给外姓以问鼎的机会，太祖在其壮年，在皇子缺乏历练与威望的情况下，培植其亲弟弟的势力，以备不虞，是完全可以理解的。但可能令太祖始料不及的是，赵光义在开封府尹任上精耕细作 15 年，羽翼已成，形成尾大不掉之势。若另立皇储，必然引起赵光义一派的反抗，甚至是抢先发难。“斧声烛影”，千古之谜，赵光义是怎么得到皇位的，如今已经难以确知真相。但是，皇位的“兄终弟及”成为既成事实之后，下一次皇权授受将是如何，不能不令太宗深思。

要证明太宗即位的合法性，就不能不肯定“兄终弟及”的原则，而一旦肯定这个原则，太宗百年之后，就应该顺理成章地将皇位传给弟弟赵廷美。这显然不是赵光义希望的，舐犊之情，百姓尚且不免，更遑论掌握至高无上权力的皇帝了。要破此局，唯一的可能，就是被原则认定的继承人失去接班的能力。

太平兴国四年（979）八月，赵德昭被逼自杀。太平兴国六年（981）三月，太祖次子赵德芳以 23 岁的年纪暴卒。太祖的两个儿子全部非正常死亡。此后，唯一可能对皇位稳固和继承构成威胁的，只有太宗唯一的弟弟，时封秦王的赵廷美了。

德芳去世半年后，太平兴国六年（981）九月，太宗的晋邸旧僚、如京使柴禹锡报告说：“秦王廷美骄恣，将有阴谋窃发。”这虽然是太宗乐意看到的，但如何处置，却比较棘手。太宗一即位，就任命弟弟廷美为开封尹，兼中书令，封齐王，此时赵廷美任职已近 6 年，太宗不可能像对待两个侄子那样简单粗暴地置廷美于死地了。思来想去，太宗不得不找来一位曾和太祖一同打天下、治天下的旧人来商量，这个人就是赵普。

赵普是太祖赵匡胤的主要谋臣。赵匡胤于后周显德三年（956）以殿前都虞候身份随周世宗出征淮南时结识了时任滁州军事推官的赵普，此后赵普就成为赵匡胤最重要的谋臣，赵匡胤对其之倚赖，如同左右手。赵匡胤取代后周的“陈桥兵变，黄袍加身”，赵普是主要谋事者之一。太祖君临天下后，赵普依靠其精明强干的“吏能”，自乾德二年（964）至开宝六年（973），独任宰相 10 年之久，位高权重、无人能比。太祖朝晚期，赵普大概因为在太祖面前说过提防开封尹赵光义的话，忤逆了太祖的意志，被外放为河阳节度使。太宗即位后，赵普来到京城朝见新君，旋被罢去实际权力，貌似养尊处优，实际上无异于被羁留京师。在开封的几年间，赵普一直受到宰相卢多逊的诋毁与暗算，甚至无力庇护自己的妹夫侯仁宝与儿子赵承宗，郁郁不得志中正渴望重新获得权力。

太宗得到开封尹廷美“将有阴谋窃发”的报告后，就将赵普这样一位曾经与自己有嫌隙，但资历、能力他人均无可匹敌的人物召来，询问该怎么办。赵普当场表态说“臣愿备枢轴，以察奸变”，意思就是“我愿意担任宰相，来替您摆平此事”。并且，为了消弭太宗之前对自己的反感，赵普还主动提及了太宗继位合法性的问题，《长编》中记载：

> （赵普）复密奏：“臣开国旧臣，为权幸所沮。”因言昭宪顾命及先朝自愬之事。上于宫中访得普前所上章，并发金匮，遂大感寤。即留承宗京师。召普谓曰：“人谁无过，朕不待五十，已尽知四十九年非矣。”辛亥，以普为司徒，兼侍中。

赵普此时提出的“金匮之盟”，主要内容是说，当年太祖、太宗的母亲昭宪杜太后临终时，曾经与太祖约定，太祖百年之后，将皇位传给太宗。这件事，赵普说自己是现场唯一证人，并且当场写有凭信，被太祖藏在宫中的金匮里。这个说法是否可靠，历史学家们争论了近千年。但是毫无疑问的是，赵普的这个说法，成为证明太宗继位合法性的有力证据。赵普一出手，既解决了太宗长期想解决而没有解决的难题，又为之后廷美问题的处理赢得了奥援，所以太宗说了一通悔过的话，任命赵普为侍中，即宰相。

赵普得以再次入相，不仅是因为“金匮之盟”的提出解决了“回头看”的问题，更是因为太宗期待着赵普帮助其解决“向前看”的问题。

> 德昭既不得其死，德芳相继夭绝，廷美始不自安，浸有邪谋。他日，上尝以传国意访之赵普，普曰：“太祖已误，陛下岂容

再误邪？”于是普复入相，廷美遂得罪。凡廷美所以得罪，则普之为也。

赵普一句反问，就把太宗说不出口的心思，变得天经地义、正大光明了。或许在君臣二人看来，目标既然崇高伟大，手段便不妨卑鄙无耻。“普复入相，廷美遂得罪”，“凡廷美所以得罪，则普之为也”。这些记载，明明白白地告诉后人，廷美的所谓“阴谋”，完全是“欲加之罪，何患无辞”。

太平兴国七年（982）三月，皇家园林金明池里的水心殿落成，太宗准备乘船游览。这时候有人告发说，秦王廷美打算趁太宗游览之际动手，如果不成功，就假装生病，躲在府第里不出，等太宗前往探视的时候再下手。《长编》记载说，太宗听完报告，不忍心将廷美的阴谋曝光。只是在10天后，罢免了廷美开封尹的职务，任命他为西京留守。

只是根据别人的告发，在没有实证的情况下，太宗就顺水推舟，罢免了廷美开封尹的职务，将其从开封发配到洛阳。

廷美离京后，与其过从较密的文武臣僚都遭到了清算。没过几天，赵普又汇报说，发现了现任宰相卢多逊与廷美交通往来之事。太宗立即将卢多逊贬官，下御史狱，并逮捕了相关人员，指定专人审讯。10天后，卢多逊等人“皆服罪”。《宋史·魏王廷美传》记载：

多逊自言，累遣赵白以中书机事密告廷美。去年九月中，又令赵白言于廷美云：“愿宫车早晏驾，尽心事大王。”廷美又遣樊德明报多逊云：“承旨言正会我意，我亦愿宫车早晏驾。”私遗多逊弓箭等，多逊受之。

卢多逊身为宰相，派手下人去跟赵廷美说，我巴望着皇帝早点死了，好专心侍奉您。赵廷美派手下人回复卢多逊说，您说的正合我意，我也想皇帝早点死了。退一万步说，就算两人心中均有此意，以两人的地位与身份，绝不可能通过手下人明目张胆地说出如此大逆不道的话。这儿戏一般的供词，无论如何也难以让人相信，但是，太宗居然相信了，并且召集文武大臣一块商量，该怎么处置。

以王溥为首的74名大臣联名上奏说，卢多逊与廷美“顾望诅咒，大逆不道，宜行诛戮，以正刑章”。为二人传话的人“请处斩”。太宗于是俯从众言，削夺卢多逊官爵，将其全家流放到海南岛上的崖州。廷美勒归私第，廷美的子女均被遣送洛阳，就廷美安泊，其实就是将他们软禁起来。其他涉案人等，或被杀，或流放，或贬官，廷美的势力被彻底清除。

同年五月，继廷美之后知开封府的李符又建议说：“廷美不悔过，怨望，乞徙远郡，以防他变。”于是太宗又将廷美由洛阳迁到房州安置，房州就是现在的湖北房县，当时是相当荒凉落后的地方。当年被赵匡胤逼着退位的后周小皇帝，就曾被安置在房州，并最终死在那里。赵廷美重复了周恭帝的命运，在雍熙元年（984）正月死于贬所，享年38岁。

一、两位老资格的宰相

自太平兴国六年（981）九月入相，至七年（982）五月赵廷美被降为涪陵县公、房州安置，赵普已经完成了太宗赋予他的最重要使命，为太宗未来的皇位传承问题扫清了人事障碍。此后，这位太祖当年最为倚重的大臣，继续在相位一年多，成为宣示太宗继统合法性的活证据。到八年（983）十月，由“斧声烛影”“金匮之盟”所激起的关于皇位授受问题的波澜已渐趋平复，太宗便以“均劳逸”这个冠冕堂皇的理由将赵普罢相，令其以武胜军节度使的身份出镇邓州。

十一月，宋太宗组建起全新的中书领导班子，成员共五人：宋琪、李昉同为宰相，李穆、吕蒙正、李至并参知政事。

宋琪是幽州蓟县人，生于后梁贞明三年（917），20 岁的时候赶上后晋石敬瑭割让燕云十六州给契丹，遂属契丹治下。契丹会同四年（941），宋琪考中进士，开始仕宦生涯。不久，被契丹幽州节度使赵延寿征召为从事。赵延寿是契丹消灭后晋的主将，后晋亡国后，其子赵匡赞被任命为河中节度使。宋琪又成为赵匡赞的重要幕僚，历经后汉、后周，直至宋初。乾德四年（966），宋琪被任命为左补阙、开封府推官。时为开封府尹的赵光义对宋琪“甚加礼遇”，但是宋琪却“身在曹营心在汉”，与宰相赵普、枢密使李崇矩交往，“出入门下”，引起赵光义反感，被外放，先后知龙州、阆州，护国军节度判官等职。太宗即位后，宋琪被召回开封，却迟迟未有任命。太平兴国三年（978），宋琪被授予太子洗马，太宗旧恨未消，“召见诘责”，宋琪“拜谢，请悔过自新”。后迁太常丞，出知大通监。大通监位于今山西省交城县，是北宋一处开矿冶铁的机构。太平兴国五年（980），太宗再次将宋琪召归，本想加以重用，却遭到宰相卢多逊的反对，中书最终任命宋琪为广州知州。宋琪赴任前向太宗辞行时，太宗念其为“藩邸旧僚”，又已年过花甲，不忍其跋山涉水远赴岭南，命改任“判三司勾院”。三司是宋代的财政机构，其下属的勾院，负责纠察三司钱谷、百物出入账籍，负责勾销报账，防止财物失陷。七年（982），宋琪“与三司使王仁赡廷辨事忤旨，责授兵部员外郎”。可以说，宋琪在65岁之前的仕途经历，颇为丰富，也相当坎坷。

宋琪“素有文学，颇谐捷。在使府前后三十年，周知人情，尤通吏术”。太宗大概通过赵普为相尝到了老人辅政的甜头，当太宗心中萌生罢免赵普的念头时，便把时年66岁的宋琪作为理想的继任人选。宋琪因此晚年忽然官运亨通，开始了火箭式的提拔，在“责授兵部员外郎”之后不久，又被任命为通判开封府事。太平兴国八年（983）春，“擢拜右谏议大夫、同判三司”。“同判三司”属于“高配”的三司长官，位在三司使之上。前一年，宋琪还是三司使王仁赡的属下，不过一年的光景，便后来居上。但这只是刚刚开始。“三月，改左谏议大夫、参知政事”；七月，宋琪的本官被提升为刑部尚书；“十月，赵普出镇南阳，琪遂与昉同拜平章事”。在宋初，自六部侍郎、尚书以上至三省长官，带“同中书门下平章事”者，为宰相。宋琪在一年的时间里，从员外郎起步，四次升迁，成为宰相。时人感叹宋琪提升之快：“琪自庶僚一岁中为宰相，其速如此。”

太宗大概对自己不计前嫌，重用宋琪的做法颇为得意，他对宋琪说：

“世之治乱，在赏当其功，罚当其罪，即无不治；谓为饰喜怒之具，即无不乱，卿等慎之。”既在标榜自己的公正无私，也是对宰辅们进行敲打。此外，太宗还摆出一副礼贤下士、从谏如流的姿态勉励以宋琪为首的这套班子：

> 一日，上谓琪等曰：“在昔帝王多以崇高自处，颜色严毅，左右无敢贡言者。朕与卿等周旋款曲，商确时事，盖欲通上下之情，无有壅蔽。卿等但直道而行，无得有所顾避。”琪谢曰：“臣等非才，待罪相府，陛下曲赐温颜，令尽愚恳，敢不倾竭以副圣意。”

但实际上，太宗刚愎而多疑，不过两年时间，就因为几件小事，将宋琪罢相。

第一件事有关于拆迁补偿。当时皇宫搞扩建，宣徽使柴禹锡有一套府第在拟拆迁范围，柴禹锡就报告说，愿意更换官邸。这位柴禹锡，在太宗继位前当晋王的时候，就“以善应对，获给事焉”，是太宗的老部下。任如京使期间，“每夜直，上以藩府旧僚，多召访外事”。他曾最早向太宗告发赵廷美有抢班夺权的阴谋，这时候已经荣升宣徽使。宣徽使品位在枢密使之下，枢密副使之上，还是很高的，多用以优待勋臣、外戚等。柴禹锡可谓是太宗的心腹宠臣。太宗看了他的报告后就不太高兴，皇宫搞扩建，你身为我的心腹，又任着宣徽使的美职，待遇优厚，更何况“普天之下，莫非王土”，于私于公，你柴禹锡都应该高风亮节，直接将府第无条件让出，却还在与朕说什么“更换”。令太宗生气的事还不仅如此，这位柴禹锡私下里和宋琪结交，希望通过宋琪向太宗申请前宰相卢多逊的旧第。宋琪大概是照办了，结果，对于柴禹锡，“上益鄙之”。对于从中说项的宋琪，太宗也少了不少好感。

第二件事是关于官员的升迁。简州军事推官王浣面见太宗的时候，太宗觉得他英俊豪爽，颇为欣赏，当面授予其朝官。这一任命，严重破坏了官员升迁的规则。北宋前期文臣迁转官阶，分京朝官官阶与幕职州县官（选人）官阶两种。所谓京朝官，是京官与朝官的合称。京官指著作佐郎、大理寺丞以下，朝官指太子中舍、秘书丞以上。幕职州县官（选人）是文臣京朝官以外的低档寄禄官阶。北宋前期的文臣迁转官阶，从高到低分别是：朝官、京官、幕职州县官。王涚所任的军事推官就属于较低档次的幕职州县官。一般来说，由幕职州县官改为京官，已属不易。现在，太宗将王涚从幕职州县官直接拔擢为朝官，越过了京官这个层次。

对于高级官职的除授，皇帝乾纲独断，在当时是被普遍接受的，但是对于中下级官僚的管理，通常被视为是有关部门的职责。太宗的破例干预，遭到了宋琪的反对。第二天，宋琪上奏说："王涚经学出身，刚刚任过一任幕职州县官，按例应除授七寺丞。"太宗说："我已经答应他了，可让他当东宫官。"宋琪固执不从，草拟了大理寺丞的任命书进上，太宗批示："可右赞善大夫。"从官品来看，大理寺丞为从六品上，右赞善大夫为正五品下，似乎相差并不是很大，但是，前者属于京官，后者属于朝官，君臣争执的焦点，实质就是太宗之前许诺的朝官是否应该兑现。最终，宋琪不得已，按太宗的旨意办了。但是经过此事，太宗对宋琪愈发不满了。

第三件事是宋琪有结党嫌疑。五代十国中，有一个叫南平的国家，在今湖北江陵、公安一带。其末代君主高继冲，生于后晋天福八年（943），他在北宋开国后的建隆二年（961）十一月即位时，年仅 19 岁。建隆四年（963），宋军讨伐湖南的张文表，用假道灭虢的计策，假道南平，趁机控制南平都城江陵城巷，刚即位不到两年的高继冲无力抵抗，只得纳地以归，南平亡，高继冲此时不过 21 岁。高继冲有一个女儿，嫁给了太祖和太宗的爱将马仁瑀。马仁瑀生于后唐长兴三年（932），比其岳父还要年长 11 岁，死于太平兴国七年（982）。即便高继冲刚成年（20 岁）便有此女，则马仁瑀死时，这位可怜的未亡人也不过 21 岁。不知道太宗是觉得这位遗孀年轻可怜还是宠爱宋琪，或者兼而有之，总之，亲自做媒，让宋琪娶了马仁瑀的这位寡妻。而在马仁瑀去世的时候，宋琪已经66岁了，迎娶这位高氏，还要在这之后。

广南转运使王延范，是宋琪新娶的这位夫人高氏的远亲。《宋史》说他“性豪率尚气，尤好术数”。既然王大人喜好这一口，那些占卜算命的人当然不遗余力地去迎合。大概因为其是南平国高官之后的缘故，先后有多位“高人”预言他将割据称王。“公当偏霸一方”“君侯大贵不可言，当如江南李国主”“即日当乘四门辇”，这类话听多了，王大人就有些信以为真了。某天，不知从哪里冒出一头豹子，跑到王大人的衙门来了，咬伤了好几个衙役，众人都吓得够呛，不敢上前。关键时刻，“豪率尚气”的王延范顺手抄起一支戟，一个人就把豹子杀了。经此，王延范愈发觉得自己不同寻常。夜间看到西方有一颗星分外明亮，对星相一知半解的王延范还指给同僚看，说这是“火星入南斗，天子下殿走”，心中坚信离改朝换代不远了。王延范常常与负责广州市舶司的陆坦谋划起兵，恰巧这时朝廷更换广州市舶司主官，陆坦被召回开封。王延范心里有鬼，不知道此时朝廷把陆坦召回，到底出于什么目的，就给老朋友、时任左拾遗的韦务昇写信，探听朝廷的机密。上述种种，被一个曾受过他杖责的小将，一向与王延范关系不睦的广州知州徐休复告发了。太宗派出宦官阎承翰，会同广南转运副使李琯、知州徐休复共同审理。结果是，所有涉案人员都供认不讳。王延范与陆坦，还有两位算命先生被砍头。韦务昇等人也受到了不同程度的责罚。

大约在得到阎承翰等人定案报告之后，尚未公开处理之前，太宗趁着宋琪与柴禹锡入对的机会，问王延范这个人怎么样。宋琪显然还不知道王延范已经出事了，不明白太宗何出此问，于是夸赞王延范“强明忠干”，柴禹锡在旁边也附和此说。太宗就怀疑宋琪与王延范勾结，但又“不欲暴其状”，其实很可能是没有确凿的证据，便以“政治问题非政治化处理”的方式，“因以琪素好诙谐，无大臣体，罢守本官”。这时是雍熙二年（985）十二月，宋琪入相凡两年。宋琪被罢，除失去太宗欢心外，也与其在位时得罪人有关。《宋史》说他“在相位日，百执事有所求请，多面折之，以是取怨于人”。

次相李昉，也是一位老资格的官僚。他是深州饶阳人，出生于后唐同光三年（925），从小被过继给无子的叔父，后晋时以恩荫补斋郎入仕。后汉乾祐年间举进士。在后汉、后周、北宋，李昉因其文字才能先后得到冯道、周世宗、赵普等人的赏识，虽也曾任知衡州、彰武军行军司马等职，但大多数时间，都是在中央担任翰林学士之类的文学之职。对于性格小心谨慎的李昉来说，这份工作显然不轻松。因为长期负责起草诰命，“劳役思虑”，李昉落下了“心悸”的毛病。每过几年，必发作一次，每次发作，都要一年多才能痊愈。

宋太祖开宝六年（973），卢多逊方得宠，屡屡在太祖面前说赵普的不是，太祖向时任中书舍人、翰林学士的李昉求证。李昉与卢多逊向来要好，但李昉却没有无原则地附和，回答说：“臣职司书诏，普之所为，非臣所知。”表现出正直的品格。

太宗即位后，李昉继续担任翰林学士，受诏参修《太祖实录》。太平兴国四年（979）伐北汉时，李昉随同出征。路过李昉的故里常山时，太宗赐宴七天，赐予羊酒，让随军的文臣武将宴饮尽欢，李昉的故乡父老以及早年好友都参与其中。回师后，李昉拜工部尚书兼翰林学士承旨。翰林学士承旨位在诸翰林学士之上，以翰林学士入院最久者为之，一人而已。太平兴国八年（983）七月，李昉被任命为参知政事。十一月，被任命为次相。

关于李昉为相的政绩，《宋史》说：“昉和厚多恕，不念旧恶，在位小心循谨，无赫赫称。”李昉忠厚的一面，在对待卢多逊一事上最为明显。

因为交好，李昉对卢多逊向来不疑。卢多逊曾经多次在太宗面前说李昉的坏话，有人偷偷告诉李昉，李昉却不相信。到这时李昉当上宰相，卢多逊也已被流放崖州，太宗一次谈起卢多逊的事，李昉还替旧友解释。太宗说："当年卢多逊诋毁爱卿你，将你说得一文不值。"直到此时，亲耳听到太宗如此说，李昉才相信了卢多逊确实曾经诋毁过自己。

李昉虽被认为是"小心循谨"，但也敢批评皇帝。有一次，太宗问身边的大臣："朕比不比得上唐太宗李世民？"臣下当然知道太宗喜欢自我肯定与被别人肯定，纷纷回答说："陛下是古代的尧、舜一样的圣主，唐太宗哪里比得上您呢？"只有李昉，先是默不作声，而后慢悠悠地背诵了白居易《七德舞》中的两句诗："怨女三千放出宫，死囚四百来归狱。"

在《七德舞》开篇，白居易就开宗明义地说，《七德舞》"美拨乱，陈王业也"，是用来歌颂唐太宗李世民的功业的。李昉提及的这两句，说到了唐太宗的两件善政。其一是释放宫女。隋炀帝荒淫无道，广蓄宫女，易代后，唐太宗很怜悯她们。贞观二年（628）九月，唐太宗发布命令说："妇人幽闭深宫，诚为可愍。洒扫之余，亦何所用，宜皆出之，任求伉俪"，"前后所出三千余人"。其二是贞观六年（632）十二月，唐太宗亲自审查复核死刑案件，看到那些被判处死刑的人，不禁动了恻隐之心。年终正是举家团圆、辞旧迎新的日子，而这些囚犯的家属，却在为他们牵肠挂肚，寝食难安。唐太宗下令将他们释放，让他们得与家人团聚。同时与他们约定，要在第二年秋天再来京城接受死刑。除了这批囚犯得此意外惊喜，唐太宗还下令，全国各地的死囚，一律照此办理。到第二年（633）九月，之前所释放的死囚 390 人，在无人监督率领的情况下，全部自动如期返回，没有一个逃跑躲藏的。

宋太宗还算有点自知之明，听了李昉这委婉的意见，立即"拱手曰：'朕不及也。'"

与遭到太宗猜忌与"取怨于人"的宋琪不同，李昉知道"避嫌"。

这可能也是李昉能够比宋琪居相位时间更久的重要原因。

> 昉居中书日，有求进用者，虽知其材可取，必正色拒绝之，已而擢用；或不足用，必和颜温语待之。子弟问其故，曰："用贤，人主之事；若受其请，是市私恩也，故峻绝之，使恩归于上。若不用者，既失所望，又无善辞，取怨之道也。"

《宋史·李昉传》中的这段记载是说，李昉做宰相的时候，有来跑官要官的，李昉虽然知道这个人有才干，可以重用，也必然严厉地拒绝，事后被拒绝的人都得到了重用。另外一些不可重用的，李昉必然和颜悦色地对待他们。子弟看到后很不解，向李昉询问其中的缘故，李昉说："选人用人，是皇帝的职责。我身为宰相，假若答应了别人的请托，就是收买人心，所以对于那些可用之人，要严厉地拒绝，这些人日后被重用，自然对皇帝感恩戴德。那些不足用的人，已经很失望了，假若我又不好好地对待，那不就是在招致怨恨吗？"

雍熙三年（986），太宗再一次发动对辽战争，史称"雍熙北伐"。宋军非但没能如愿夺得幽云之地，反而损兵折将，还引发辽军大举南侵。中书省的宰执们事先多不赞同这次行动，加之运筹帷幄、统兵打仗也不是这些人的特长，战争期间，太宗索性将他们甩在一边，单独和枢密院的臣僚谋划军事措施。李昉比较爱玩会享受，"所居有园亭，又葺郊外宴游之地，多蓄声妓，娱乐亲友"。在国家戎马倥偬之际，既不能有所建白，李昉便把"赋诗宴乐"的雅好发扬光大。战争结束后，辽军北返，边警解除，李昉战争时期的表现，就受到了一些人的指摘。

端拱元年（988）初，有一位叫翟马周的百姓，控告宰相李昉在国家有战事的情况下，不知道防备，只知道赋诗宴乐。结果，李昉在二月被罢相。按太宗本意，是要在罢相制辞中严厉责备的，多亏负责草制的翰林学士贾黄中的进言，李昉才免于被"切责"，保存了体面。

两位宰相的任职经过大致如上。三位参知政事中，李穆受命后很快就去世了。雍熙北伐前，李至上言，显示出保守持重的态度，并且“以目疾累表求解机政”，遂罢为礼部侍郎。这样，五名宰执，能够久居其位，并且很快又要被进一步重用，被任命为宰相的，只有吕蒙正一人了。

二、质厚宽简的参政

自太平兴国八年（983）十一月到端拱元年（988）二月，吕蒙正在担任参知政事的四年多时间里，并没留下太多言行的记录。或许，与宋琪、李昉这样的老资格官僚们相比，吕蒙正人微言轻，也或许如富弼在《神道碑》中所说：“其为谏诤、为侍从、为执政，凡嘉猷伟画，皆不作己出，而密归之于上。惟上自行之，故人无知者。”但不可否认的是，相较于同僚，吕蒙正的做法赢得了太宗的信赖与倾心。

任命吕蒙正为参知政事后，太宗将位于丽景门附近的一所宅第，赐给他居住。丽景门为内城东墙南门，位于今开封城东墙宋门附近。这或许是因为吕蒙正出身贫寒，当时居住的条件较差，当然，毫无疑问，这也体现了太宗对吕蒙正的厚爱。《神道碑》说：“赐第东都，以安其居，俾无外徙之请也。”

任事之初，太宗对吕蒙正说了推心置腹的话，想表达的意思与对宋琪一班人说的其实差不多，当然，也很可能是同一番谈话，记载的人不同，文字上略有差异罢了。

> 上谓之曰：“凡士未达，见当世之务戾于理者，则怏怏于心；及列于位，得以献可替否，当尽其所蕴，虽言未必尽中，亦当佥议而更之，俾协于道。朕固不以崇高自恃，使人不敢言也。”

吕蒙正是一个“质厚宽简”、有气量的人，在刚刚担任参知政事的时候，他就做了一件令人叹服的事。

> 蒙正初入朝堂，有朝士指之曰：“此子亦参政耶？”蒙正

阳为不闻而过之。同列不能平，诘其姓名，蒙正遽止之曰：“若一知其姓名，则终身不能忘，不若毋知之为愈也。”时皆服其量。

吕蒙正刚当上参政，上朝的时候，不知哪位老资格而官运却不是那么亨通的人，指着刚 40 岁的吕蒙正说：“这小子也当上参政了吗？”吕蒙正当然听见了别人的议论，这回，吕蒙正并没有像当年对待胡旦“渴睡汉”的讥讽那样介怀，而是假装没听见，继续往前走。对于这样不敬的议论，同僚都为之愤愤不平，想知道那个人姓甚名谁，吕蒙正连忙制止他们，他说：“若是知道了这个人的姓名，不免会终生记在心里，不如不知道为好。”不问此人姓名，也就根本避免了因个人好恶而对此人的偏见，以及在今后的履职中给予此人不公正待遇的可能。

太平兴国九年（984）正月，涪陵县公赵廷美死于房州。由皇位授受引发的动荡，因为德昭、德芳与廷美的先后去世而告一段落，皇位递嬗的危机得以彻底化解。这年十一月，在宋琪一班人任职一年之后，改元雍熙，这标志着一个时代的结束。

雍熙年间吕蒙正的活动，史籍所载，多是与宰执等一起的，要者如下：

雍熙二年（985）二月，太宗发现各地区上报的奏章，有转运使与转运副使、知州与通判不按照规矩联合署名的，这显然是班子内意见不统一的表现。太宗就对宰相一班人说：“当官共事，须协心从长。且条陈利害，动辄变改，今不联名，此必任其独见，未为允当也。”并且“下诏戒之”。话虽然是针对地方官员而发的，但其实也是对宰执班子团结一致的期待。

这年，太宗任命翰林学士贾黄中等 9 人权知贡举。三月十五日，太宗主持殿试，得梁颢以下 179 人。这其中，有宰相李昉之子李宗谔、参知政事吕蒙正之堂弟吕蒙亨等。太宗得知后说：“此并势家，与孤寒竞进，纵以艺升，人亦谓朕为有私也！”结果是“皆罢之”。这件事被史官记录在案，当然是想说明太宗的抑制权贵，奖拔寒俊。但其实对于李宗谔与吕蒙亨来说，不免有些不公。之前既没有规定说宰执子弟不得应考，两人也未必是靠父兄的关系，很可能是凭真才实学而名列前茅，然而忽然间，到手的功名飞了。李宗谔后在端拱二年（989）进士及第，那时李昉已经罢相。李宗谔最终做到翰林学士，但享年不永，49岁时卒。真宗对此深感惋惜，说："国朝将相，能以声名自立、不坠门阀者，惟昉与曹彬家尔。宗谔方期大用，不幸短命，深可惜也。"吕蒙亨后来大概靠恩荫入仕，历任下蔡、武平县主簿。至道初，以文学、政事俱优，命为光禄寺丞。因为起点低，最终只做到大理寺丞。

四月份，"召宰相、参知政事、枢密、三司使、翰林、枢密直学士、尚书省四品、两省五品以上，三馆学士，宴于后苑，赏花钓鱼，张乐赐饮，命群臣赋诗、习射。自是每岁皆然"。

九月，发生了楚王元佐纵火事件。元佐是太宗长子，"少聪警，貌类太宗，帝钟爱之"。这位元佐和他的叔叔赵廷美关系要好，当太宗贬责廷美时，元佐曾力为解救。《长编》载："涪王廷美既得罪，楚王元佐独申救之，上不听。"更有的记载甚至直接说："廷美之贬，元佐请其罪，由是失爱。"太宗处心积虑地整治廷美，正是为了在自己百年之后将皇位传子铺平道路，可是这心思，只可意会不能言传，偏偏元佐执着于"妇人之仁"，竟不理解其父的一片苦心。向太宗说情已经是犯忌讳了，竟然还敢质问廷美犯了什么罪，以如此的"冥顽不灵"，难怪要失去太宗的喜爱了。

解救未果，不久廷美的死讯传来，元佐"遂感心疾"。当然，得抑郁症这种堂哉皇哉的说辞，其实掩盖不了元佐因愤懑不满佯为癫狂的本质。元佐"屡为残忍，不守法度，左右微过，必加手刃，仆吏过庭，往往弯弓射之"。显然是在拿身边人撒气。《长编》里"上诲甚厉，皆不悛"七个字，即可说明这"心疾"的本质。若是真得病，太宗也不会对一个精神病患者谆谆教诲，"不改过"这种措辞，显然也不应该用在病人身上。这显然是史家的“春秋笔法”。

重阳这天，太宗把他的儿子们叫到身边过节，因为元佐病情刚有好转，所以没有叫他。晚上，陈王元佑来看望哥哥，元佐听说了白天的情形，不禁跟弟弟抱怨说：“汝等与至尊宴射，而我不预焉，是为君父所弃也。”过节你们父子团聚，偏偏不叫上我，显然是不把我当儿子了，“遂发愤”。元佐被激怒后，“中夜，闭媵妾，纵火焚宫”。深更半夜，把姬妾们关起来，纵火焚烧。史籍上没有给我们留下有多少不幸“媵妾”死伤的信息，但是，这场从半夜开始烧起来的火，直到天亮，还没有熄灭。太宗得到报告，不用想就猜到是元佐干的，令人把他押送中书，令御史按问。看到身边五大三粗的士兵，元佐有些害怕了，都招了。太宗派宦官的头目王仁睿向元佐转达了这样一番话：

> 汝为亲王，富贵极矣，何凶悖如是！国家典宪，我不敢私，父子之情，于此绝矣。

太宗要断绝和元佐的父子关系，并且要将其置于典宪。眼看着父子反目，“陈王元佑以下洎宰相、近臣，号泣营救”。太宗哭着说：“朕每读书，见前代帝王子孙不率教者，未尝不扼腕愤恨。岂知我家自有此事。朕为宗社计，断不舍之。”和一般老太太遇到不肖子孙时的哭诉并无二致。太宗下令将元佐废为庶人，送均州安置。太宗对宰相们说：“比者内外安宁，方思自适，而元佐纵火，实挠朕怀。”宋琪等人劝解道：“尧舜有丹朱、商均，此不足有累圣德。元佐苟无心疾，当不至是，惟陛下开释。”几天后，宋琪等率领百官向太宗请求将元佐留在京师。刚开始，太宗不答应，宋琪他们三次上书，太宗也就就坡下驴同意了。这时候，元佐已经走到黄山了，被召还。“置于南宫，使者监护，不通外事”，实际上就是把他软禁起来。

十二月，太宗忽然对宰相李昉等人说了这样一番话：

> 中书、枢密，朝廷正人所出，治乱根本系焉。且天下广大，

卿等与朕共理，当各竭公忠，以副任用。人谁无姻故之情，苟才不足称，不若遗之财帛耳。朕亦有旧人，若果无取，未尝假以名器也。卿等其戒之。

这番话显然不是无的放矢，上已述及。这个月，首相宋琪被罢，原因之一就是太宗怀疑宋琪袒护其姻亲广南转运使王延范。这番话，很可能是在宋琪罢相后，太宗用来敲打李昉诸人的。太宗对于用人上的谋私，是非常忌讳的。将来吕蒙正的第一次罢相，就和他所推荐的姻亲宋沆有关，当然，这是后话。

三、雍熙北伐

雍熙三年（986）春，知雄州贺令图与崇仪副使侯莫陈利用等相继上言，说："契丹主年幼，国事决于其母，其大将韩德让宠幸用事，国人疾之，请乘其衅以取幽蓟。"太宗大概对当年其兄从后周孤儿寡母手中取得江山的事情还记忆犹新，大想袭其故智，遂有意北伐。

太宗最初曾有御驾亲征的打算，遭到参知政事李至的反对。关于收复幽云，李至持保守态度，他在上疏中说：

兵者凶器，战者危事，用之之道，必务万全。幽州为敌右臂，王师所向，彼必拒张，攻城数万，兵食倍之。今日边庾未充，况范阳之傍，坦无陵阜，去山既远，取石尤难。金汤之坚，必资机石，傥有未备，愿且缮完。畜威养锐，观衅以伐谋，更纵弥年，亦未为晚。必若圣心独断，在于必行，则京师天下之本，陛下恭守宗庙，不离京国，示敌人以闲暇，慰亿兆之仰望，策之上也。大名，河朔之咽喉，或暂驻銮辂，扬言自将，以壮军威，策之中也。若乃远提师旅，亲抵边陲，北有契丹之虞，南有中原之虑，则曳裾之恳切，断鞅之狂愚，臣虽不肖，耻在二贤后也。

李至这段话，先是从客观角度说明不利因素：一是边境上粮草储备不足；二是燕京城固若金汤，想要攻克，必须借助石头。而燕京四周，一马平川，取石困难。此外，李至不赞成太宗御驾亲征，更坚决反对其亲临前线。这种保守持重的态度，大概也反映了整个中书班子的意见。就在正月上疏之后不久，李至因为眼病罢参知政事。

此后，太宗就不再与李昉、吕蒙正两位文人宰执商议军事上的事情了，讲求进取之策的事，都委诸枢密院，“中书不预闻”。宋朝的枢密院，与宰相领导的中书合称“二府”，掌兵符、武官选拔除授、兵防边备及军师屯戍之政令。自即位后，太宗便用“掺沙子”的办法，不断安排自己的幕僚亲信进入枢密院，到太平兴国八年(983)正月，曹彬罢枢密使后，枢密院就成为太宗早年幕僚和所取进士们的禁脔。此时的枢密院臣僚中，枢密使王显是太宗旧部下，“太宗居藩，尝给事左右。性谨介，不好狎，未尝践市肆”。两位枢密副使张齐贤、王沔均是吕蒙正的同年。

正月和二月，太宗先后派出四支大军，三路北征：东路曹彬、米信两军，由雄州直趋涿州；中路田重进一军，由定州出飞狐；西路潘美、杨业一军，出雁门，收复山后诸州。五月，曹彬等与辽军战于涿州、岐沟关和拒马河一带，宋军大败溃逃。六月，辽将耶律斜轸将兵十万，击败潘美所部宋军，在朔州陈家谷生擒宋军勇将杨业，杨业绝食三日而死，西路宋军数万人被歼。中路田重进闻讯，急忙退兵至定州驻扎。

岐沟关大败后，身在邓州的武胜军节度使赵普上书太宗，认为攻取幽州得不偿失：“兹所谓以明珠而弹雀，为鼷鼠而发机，所失者多，所得者少。”太宗在答书中，除了将战争失利的责任丢给将帅，还强调自己出师有名，并非穷兵黩武：

> 朕昨者兴师选将，止令曹彬等顿于雄、霸，裹粮坐甲，以张军声，俟一两月间，山后平定，潘美、田重进等会兵以进，直抵幽州，共力驱攘，俾契丹之党远遁沙漠，然后控扼险固，

恢复旧疆，此朕之志也。奈何将帅等不遵成算，各骋所见，领十万甲士出塞远斗，速取其郡县，更还师以援辎重，往复劳弊，为戎人所袭，此责在主将也。况朕踵百王之末，粗致承平，盖念彼燕民陷于边夷，将救焚而拯溺，匪黩武以佳兵，卿当悉之也。边防之事，已大为之备，将来敢肆侵挠，必当尽歼族类，卿勿为忧。卿社稷元臣，忠言苦口，三复来奏，嘉愧实深。

据此，太宗预定的战略，是东路军曹彬等在雄州、霸州驻扎，形成对北方的军事压力与威胁，牵制对方兵力却不主动进攻。等西路潘美与中路田重进收复山后诸州后，再三路会合，攻打幽州。太宗之志，只在赶走契丹人，收复当年被石敬瑭割让的十六州。然而曹彬等人，却没能遵守这个"声东击西"的既定计划，贪功冒进，虽一度攻下涿州，但很快因为粮食耗尽无法固守。退兵之际又被追袭，遂至大败。

介绍完事情始末之后，太宗接着说："朕是可怜燕京的老百姓还过着水深火热的生活，想去拯救他们，并不是黩武好战。"太宗安慰赵普说："现在虽然遭遇不利，但边防已经就绪，敌人如果敢来侵略，一定会将他们消灭干净。"

赵普在答书中，表达了对太宗在百忙之中亲自回信的感谢，充分肯定了太宗之前的计划，认为失败原因，完全在于将帅违背了太宗的既定部署。当然，这些都是客套话，赵普此封答书的核心不在于此，而在于为太宗指明未来施政的指导方针：

昨者臣未测事宜，辄陈狂瞽，陛下亲纡宸翰，密谕圣谋，臣窃审思，信为上策。将帅若克遵成算，固可平戎，但不副天心，致兹败事。今既边防有备，更复何虞。况陛下登极十年，坐隆大业，无一物之失所，见万国之咸康。所宜端拱穆清，啬神和志，以无为无事，保卜世卜年，自可远继九皇，俯观五帝，岂必穷边极塞，与戎人较其胜负。臣素亏壮志，矧在衰龄，固无功伐可称，惟竭忠纯上答。

其中“所宜端拱穆清，啬神和志”显然得到了太宗的认可，太宗下一个年号，就是“端拱”，并且在端拱元年（988）正月，赵普将再次入相。

雍熙三年（986）六月，太宗将御史中丞辛仲甫充实进宰执班子，任参知政事。辛仲甫生于后唐天成二年（927），《宋史》上说他“能吏事，伟姿仪，器局沉厚”。自广顺年间被后周将领郭崇署为掌书记，讫太祖乾德三年（965）郭崇去世，辛仲甫始终在郭崇手下担任幕僚，长达十余年。赵匡胤建国初，对前朝将领采取安抚策略，让郭崇继续担任成德军节度使，同时派出监军到其军中。然而，赵匡胤不久却收到在郭崇军中负有监视之责的陈思诲的报告，说郭崇有反状。

《宋史·郭崇传》记载：郭崇这个人还是很念旧的，改朝换代之后，想起后周皇帝对自己的知遇之恩，时常忍不住落泪。这被监军陈思诲看在眼里，就成了“政治问题”。陈思诲偷偷向宋太祖报告说：“常山靠近边境，郭崇有异心，应该对其谨慎地戒备。”太祖曾和郭崇比肩为臣，对于他倒是相当了解，太祖说：“我向来知道郭崇这个人有情有义，其之所以如此，大概是有感而发吧。”太祖派人前去侦查，使者回来报告说：“郭崇正和下属在池塘边上的小亭中饮酒博戏，城中一片安定景象。”太祖笑着说：“我说得没错吧。”

《郭崇传》为了突出赵匡胤、郭崇君臣相遇相知，行文有润色的成分，事实上，郭崇获悉太祖将派人来察看时，既为监军的告发而郁闷，又担心会蒙受不白之冤，曾一时不知所措，幸赖辛仲甫的建言，才让他妥善处理此事，得到太祖的信任。《宋史·辛仲甫传》的记载透露出了这件事的更多细节：

> 太祖受命，以崇为（成德军节度使，加兼中书令）。监军陈思诲密奏崇有奸状，上怒且疑，遣中使驰往验之。未至，崇忧懑失据，谓宾佐曰：“苟人主不察，为之奈何？”皆愕相视。仲甫

曰："皇帝膺运，公首效节，军民处置，率循常度，且何以加辞。第远侦使者，率僚属尽郊迎礼，听彼伺察，久当自辨矣。"崇如其言，使者至，视崇无他意，还奏，上大喜，归罪于思诲。

郭崇于乾德三年（965）去世后，辛仲甫"改郓、齐观察判官"；"乾德五年（967），入拜右补阙，出知光州"；"六年（968），移知彭州"，皆有善政。后得到宰相赵普的推荐，"徙益州兵马都监，代还，选为三司户部判官"。"太平兴国初，迁起居舍人，奉使契丹。"

出使期间，辽景宗耶律贤问辛仲甫："听说中朝的党进，真是一名骁勇之将，像党进这样的人，有多少呢？"辛仲甫回答说："我国名将辈出，像党进那样的，只不过有些奔走效劳的才干罢了，哪里值得一提呢！"耶律贤想将辛仲甫留在契丹，辛仲甫说："使者是要完成他的使命的，出于道义，也不能留下，如果强迫我的话，只有一死而已。"耶律贤最终没能劝说动辛仲甫，又不愿影响两国关系，只好放他回去。

辛仲甫此行的表现，获得了太宗的赞赏。太宗曾对左右说："仲甫远使绝域，练达机宜，可谓不辱君命。若更得如仲甫数人，朕何患也。"

出色完成出使使命后，辛仲甫以刑部郎中知成都府，"政尚宽简，蜀人安之"。太平兴国九年（984），入知开封府，拜御史中丞。雍熙三年（986）六月，时年60岁、具有丰富地方行政经验的辛仲甫拜给事中、参知政事，成为李昉、吕蒙正之后的执政。

四、与赵普同当大任

雍熙三年（986）十月，以太宗第二子、陈王元僖为开封尹，兼侍中。这实际上是在长子元佐被废为庶人，加以软禁之后，确立了元僖的准皇储地位。

十一月，右散骑常侍徐铉奉命校订东汉许慎所著《说文解字》完成。

太宗为了让其广为流传，又下令让徐铉等负责刻版印刷。这份《委徐铉等雕造说文牒》，就是吕蒙正等人根据太宗的旨意，以中书牒行文，来布置任务的。

牒，奉敕："许慎《说文》，起于东汉，历代传写，讹谬实多，六书之踪，无所取法。若不重加刊正，渐恐失其原流。爰命儒学之臣，共详篆籀之迹。右散骑常侍徐铉等，深明旧史，多识前音，果能商榷是非，补正阙漏。书成上奏，克副朕心。宜遣雕镌，用广流布。自我朝之垂范，俾永世以作程。其书宜付史馆，仍令国子监雕为印版，依九经书例，许人纳纸墨价钱收赎。兼委徐铉等点检书写雕造，无令差错，致误后人。"牒至准敕，故牒。雍熙三年十一月日牒。给事中、参知政事辛仲甫，给事中、参知政事吕蒙正，中书侍郎兼工部尚书、平章事李昉。

可以看到，这时吕蒙正的本官，已经由左谏议大夫改为给事中，给事中与左谏议大夫的官品相同，都是正五品上，但是排名居前。北宋前期京朝官本官阶自诸寺监主簿至三师，分无出身迁转序列 42 阶和有出身迁转序列 35 阶。所谓有无出身，即是否通过科举考试。本官阶的数量与官品的数量既不相符，迁转也并不一定伴随着官品的提升。

同月，辽军大举南侵。耶律休哥率部于君子馆击败北宋刘廷让军，"廷让全军皆没，死者数万人"，仅以身免。经过岐沟关、君子馆的接连失利，宋军损兵折将，边防形势岌岌可危。从雍熙三年（986）年底至四年（987）年初，辽军南下掳掠。《长编》记载：

缘边疮痍之卒，不满万计，皆无复斗志。河朔震恐，悉料乡民为兵以守城，皆白徒，未尝习战阵，但坚壁自固，不敢御敌。敌势益振，长驱入深、祁，陷易州，杀官吏，卤士民。所过郡邑，攻不能下者，则俘村墅子女，纵火大掠，辇金帛而去。魏、博之北，咸被其祸。

这次辽军入侵为害甚烈，宋军新败之余，兵力不敷且无法组织有效抵抗是主要原因。在此前后，太宗鉴于沿边频年遭受侵扰，打算再次兴兵讨伐，为解决兵源问题，派遣使者往黄河南北诸州“募丁壮为义军”。先是有京东转运使李惟清反对，他说“若是，天下不耕矣”。宰相李昉等（很可能包括吕蒙正）亦相率上奏，表示在河北地区招兵，是情非得已，且河北地区的人民屡经战乱，“经风雨，见世面”，“颇有娴习驰射，或可选置军中”。但河南的老百姓多年没遇到战争，世代安居乐业，一旦强行征兵，都不愿意。万一大量逃亡，或者起而反抗，形势会更加棘手。不幸那样的话，河北的老百姓被蹂躏，河南的老百姓也将被那些不愿当兵被迫聚而为盗者所困扰。更何况，现在春天来临，正是农忙季节，强行征兵，农活谁去做呢？

此外，开封尹、陈王元僖也上疏反对。最终，太宗接受了众人的劝谏，没在河南强行征兵，也没有再度出师讨伐。

雍熙四年（987）十二月，赵普自襄州来朝，君臣相见，赵普感动得泣不成声，太宗也为之动容。开封尹、陈王元僖上疏极力称颂赵普，请再用为相。上疏中说，赵普一旦再次入相，“当使结朋党以驰骛声势者气索，纵巧佞以援引侪类者道消，沉冥废滞得以进，名儒懿行得以显，大政何患乎不举，生民何患乎不康？匪逾期月之间，可臻清净之治”。太宗览疏，高兴地采纳了赵元僖的建议。赵普时年已 66 岁。

次年（988）正月，为劝农，太宗于东郊亲飨先农，遂耕籍田。大赦，改元端拱。二月，李昉罢相，以赵普、吕蒙正并同平章事。赵普此次是第三次入相了，德高望重，任命下达之后，太宗对赵普说：

> 卿勿以位高自纵，勿以权势自骄，但能谨赏罚，举贤能，弭爱憎，何忧军国之不治？朕若有过，卿勿面从，古人耻其君不为尧、舜，卿其念哉！

吕蒙正这一年45岁，《长编》中记载吕蒙正在任参知政事4年多之后，得以和赵普并任宰相的原因时说：

蒙正质厚宽简，有重望，不结党与，遇事敢言。每论政，有未允者，必固称不可。上嘉其无隐，故与普俱命。藉普旧德为之表率也。蒙正晚辈骤进，与普同位，普甚推许之。

时任翰林学士的李沆所起草的吕蒙正拜相制书则曰：

天道无私，日月星辰助其照；皇王不宰，股肱辅弼代其功。所以端拱仰成，垂衣制治。建千年之昌运，追三代之令猷。其有业茂经纶，才推谨厚。参大政而再罹寒暑，秉纯诚而无替初终。宜推爰立之恩，式副至公之选。具官吕蒙正，四气均和，五行钟秀。蕴济时之明略，辅之以温恭；挺命代之宏材，守之以渊默。凡膺历试，早振芳猷。公忠推社稷之臣，凝重见庙堂之器。眷兹大体，久郁具瞻。爰资作砺之功，用正秉钧之任。崇阶驭贵，列爵增封。兼修太史之书，载践地官之秩。尔宜周旋庶政，佐佑眇躬。缓兹宵旰之忧，翊我隆平之运。同底于道，岂不美欤！

从这些官样文章中，我们总结吕蒙正任参知政事这一时期的表现，大致为：第一，为人忠厚，即所谓“质厚宽简”“谨厚”“温恭”。第二，不结党羽，这是太宗非常看重的一点。宋琪被罢相，就是犯了这个忌讳。第三，遇事敢言，“每论政，有未允者，必固称不可”。这方面的具体事例，史籍上付之阙如。在这几年中发生的元佐被废、雍熙北伐、强行征兵等大事上，吕蒙正的态度如何，并无记录。但既然“上嘉其无隐”，或许可以说，在是非问题上，吕蒙正不和稀泥，观点是旗帜鲜明的。最后，还有行文中并未明言，但我们可以推知的一点：“端拱而治”即“不折腾”的为政思想，成为太宗、赵普、吕蒙正的共识。道同而相与谋，君臣在如何治国理政上相当一致。

一、为相之初显风范

端拱元年（988）二月，李昉罢相。太宗任命赵普为首相，吕蒙正为次相，王沔为参知政事。加上之前在雍熙三年（986）六月拜参知政事的辛仲甫，此时的中书宰执班子共四人。

吕蒙正履新伊始，尚未来得及有所作为，便不得不先处理几件私事。而从这几件事的处理上，我们也可略见其品德与风范。

一是其母去世。《宋史》记载，吕蒙正拜相后，"俄丁内艰，起复"。吕蒙正的父亲吕龟图已于太平兴国七年（982）去世，此时，自幼便相依为命的母亲也去世了。以孝闻名的吕蒙正，当然很伤心。但是，他的职位太重要了，太宗与国家离不开他，翰林学士起草了内制来敦促吕蒙正移孝作忠，《吕蒙正起复制》云：

> 门下：移孝资忠，盖格言之攸著；节哀顺变，亦人子之大端。朕抚御中区，司牧黎庶，宵衣旰食，虽切于忧勤，一日万机，良系于辅弼。岂顾曾、颜之细行，尚隳稷、卨之殊庸。眷我台臣，遽钟艰疚，爰举夺情之典，克遵以义之文。扬于明庭，告尔有位。具官吕蒙正，阳秋禀气，金玉含贞。负经济之材，守之以道；怀挺持之操，保之以和。燮调而元化不愆，迈种而芳猷益茂。

文学早光于训诰，重轻无爽于权衡。适隆注意之怀，俄迫茹荼之痛。得不举兹纶綍，起自苫庐？抑绝奖纯至之情，副当宁倚毗之旨。勖从王事，以代天工。苟尽瘁之诚，竭于奉上，则罔极之报，岂废因心？宜体急贤，勉祗成命。可。

虽然母亲去世不免“茹荼之痛”，但不得不“宜体急贤”，吕蒙正料理完母亲的丧事，又赴中书供职了。

二是请求降低其子恩荫授官的级别。宋代的恩荫制度，非常优厚。游彪先生在《宋代荫补制度研究》一书中指出：“宋代许多官员享有荫补子弟或亲属为官的特权，荫补名目之多，是中国历史上任何朝代都无法匹敌的。”“官员子弟可以依据其父祖辈官位的高低得到相应的官职。”《宋史》载，卢多逊在太祖朝为相时，颇受宠幸，其子卢雍恩荫授官，“起家即授水部员外郎，后遂以为常”。水部员外郎在宋初为寄禄官，依唐制，为从六品上。吕蒙正任宰相后，其长子吕从简即将按惯例授官之际，吕蒙正上奏说：

臣忝甲科及第，释褐止授九品京官。况天下才能，老于岩穴，不沾寸禄者多矣。今臣男始离襁褓，膺此宠命，恐罹阴谴，乞以臣释褐时官补之。

吕蒙正高风亮节，所请是否得到了批准呢？关于吕从简的初授官职，史籍的记载颇有些抵牾。《宋史》在记载了吕蒙正的上述上奏后说：“自是宰相子止授九品京官，遂为定制。”那显然，吕从简初授九品京官，然《神道碑》的记载却不同：

本朝故事，宰相子起家为水部员外郎。公长子从简当得之。公以延荫太宠，非所以慎官赏，励寒畯也，恳辞不拜。只受将作监丞。因以为著例，于今不易。

吕蒙正进士及第后初授的将作监丞，为从六品下，较之从六品上的“水部员外郎”，当然也是低些。到底哪种说法正确呢？

《神道碑》记载，吕蒙正于大中祥符四年（1011）去世时，吕从简为“驾部员外郎”，其官品为从六品上。从端拱元年（988）至此时，已经过去了23年，其间吕蒙正三次为相。“通常情况下，达到一定级别的宋朝官员享有郊祀大礼荫补、圣节荫补（皇帝生日荫补）、遗表荫补、致仕荫补、皇帝即位荫补，等等。”即有着诸多的荫补机会，假如吕从简初授官为从六品下的将作监丞，经过23年，历经多次荫补晋级后，才进步了这么一点点，显然是有悖情理的。吕从简的初授官，应是九品京官。

然而，我们知道，太平兴国二年（977），吕蒙正榜进士们授官的时候，第一等授将作监丞，第二等授大理评事。吕蒙正被授予的将作监丞并不是九品京官，这又作何解释呢?

这就涉及吕蒙正榜进士们当年授官的过程了。他们是于当年正月十日释褐，于三月二十三日授官的。《宋会要辑稿》中载：“赐新及第进士、诸科绿袍、靴、笏。时未命官，先释褐，非常制也。”也就是说，这批新科进士们当年是一反常规，在未任命官职之前，先行释褐的。释褐时穿上绿袍，并没有说明他们的官品，也就是没有定级。但是，能穿上绿袍，至少也是九品京官。所以，吕蒙正说“乞以臣释褐时官补之”，指的是九品京官，而不是后来定级时的从六品下的将作监丞。《长编》记载“止授六品京官”，《宋宰辅编年录》记载“止授九品京官，将作监丞”，均误。

附带一提的是，《神道碑》中记载吕蒙正一生共有两任夫人，“初娶宋氏”，“再娶薛氏”，“皆殁于公之先”。子女十六人，“男十人”，“女六人”。但其婚娶的时间可能相当晚。端拱元年（988），吕蒙正已经45岁，其长子吕从简“始离襁褓”。

此外，《宋史》记载了吕蒙正初次为相时婉拒别人礼物的故事。当时有位官员收藏有一面古镜，据说能照见二百里远，打算通过吕蒙正的弟弟献给吕蒙正，以求得宰相大人的推荐与照顾。吕蒙正笑着对弟弟说，我的脸不过碟子大，哪里用得上照二百里呢？吕蒙正的弟弟也就知难而退，不再提了。听说过这件事的人，都很佩服吕蒙正的廉正与睿智。

二、首相赵普办成了三件大事

次相吕蒙正母丧前后，首相赵普也办了几件大事。

第一件，端拱元年（988）三月，打击了以枢密副使赵昌言为首的小集团。何冠环先生在《宋初朋党与太平兴国三年进士》一书中，对这个小集团的活动有过生动的描述：

> 这个“同年党”的核心成员包括胡旦、赵昌言、董俨、陈象舆，和赵的门生兼在大名时的幕僚、雍熙二年榜的状元梁颢。……胡、赵等五人，“尽同年生，俱少年，为一时名俊”，常常在京师赵昌言家作长夜之饮，而“棋觞弧矢，未尝虚日”，常常乘醉夜分才归，据说京师的金吾吏逐夜要等候他们的马首声诺。陈象舆醉，以鞭揖其吏说：“金吾不惜夜，玉漏莫相催。”他们不避人耳目，故京师的人有“陈三更，董半夜”的说法。他们以清议自命，抨击朝政，但也很有野心。他们的行动到端拱元年达到高峰。……
>
> 端拱元年正月，胡旦指使一个与他亲近的佣书人翟颖（胡旦为他改名翟马周，以他是唐太宗的名臣马周复出）击登闻鼓，讼告宰相李昉失职，指他当辽兵入寇时，不忧边务，只顾饮酒作乐。翟还自荐为大臣，并历举数十人可为朝臣。胡旦并期赵昌言为内应。胡旦大笔写的这篇讼词，果然奏效。太宗于二月庚子（十三）即解去李昉的相职。不过，胡旦等失算的是，赶走了无甚干才的“老好人”李昉，赵昌言不但未能更上一层楼，

还让手段厉害而又得到陈王元僖支持的大对头赵普有机会复相！

……是年三月，他（赵普）得到刚晋位许王的元僖帮助，找到胡、赵等结党及种种“不法”罪证。结果太宗大怒，诏捕翟颖下狱审问，尽得赵昌言等罪状。太宗将胡、赵五人全部贬黜：赵昌言贬为崇信军（即随州，今湖北随州市）节度行军司马，不得签署公事。陈象舆、董俨和胡旦分别贬为复州（今湖北天门市）、海州、坊州（今陕西延安市黄陵县东北）团练副使，梁颢责为虢州（今河南三门峡市灵宝市）司户参军，至于胡旦指使上书的翟颖，更被决杖流海岛。赵普公布赵昌言的罪名是：“枢密副使、工部侍郎赵昌言，早以微才，擢居重任。讦谟之效，未见尽忠；险诐之踪，颇闻于树党。交结非类，玷辱清朝。”至于胡旦等人罪名也是“盐铁副使、户部郎中陈象舆等，自膺选任，累践清华，戴君既乏于尽忠，结党乃通于非类，险诐无已，踪迹自彰”。总之，结党就是罪状。赵普痛恨赵昌言，本来还要定他死罪，总算太宗爱才，赵昌言方不致像太宗朝佞臣侯莫陈利用那样，落个身首异处的下场。

将赵昌言等人一网打尽，与其说是赵普得到了元僖的帮助，不如说是元僖得到了赵普的帮助。之所以如此说，首先，是因为赵昌言等结党与胡旦嗾使翟颖上书诸事，是元僖首先察访得知，亲自向太宗汇报，得到太宗同意后，委派开封府判官审理的。“开封尹许王元僖使亲吏仪赞廉得其事，白上，捕马周系狱，开封府判官张去华亲穷治之，马周具伏。”虽然史书上也说“赵普秉政，深疾之”，但是，整个事件中，赵普并没有冲在最前面，而只是扮演了敲边鼓的角色。

其次，是因为元僖当初力劝太宗以赵普为相时，就说过，赵普为相“当使结朋党以驰骛声势者气索，纵巧佞以援引侪类者道消”，打击朋党，是元僖对赵普本次入相施政的最大期待。赵普二月拜相，三月赵昌言一伙就被一网打尽，则元僖所谓的“朋党”何指，不问自明。

那么，元僖为什么要收拾赵昌言一伙呢？除杜绝朋党这样堂而皇之的理由外，很可能是因为当年赵昌言冒犯过元僖。《长编》记载了发生在端拱元年（988）闰五月的这样一件事：

> 御史中丞尝劾奏开封尹许王元僖，元僖不平，诉于上曰：“臣天子儿，以犯中丞故被鞫，愿赐宽宥。”上曰：“此朝廷仪制，孰敢违之！朕若有过，臣下尚加纠擿，汝为开封府尹，可不奉法耶？”论罚如式。

这位敢于劾奏元僖的御史中丞，很可能就是赵昌言。以陈王元僖为开封尹，是在雍熙三年（986）十月。当年六月，辛仲甫由御史中丞被提拔为参知政事，次月，赵昌言被任命为御史中丞。此时雍熙北伐正在进行，“时河朔用兵，（枢密副使张）宏居位无所建白，御史中丞赵昌言多言边事，乃以昌言副枢密，宏为中丞，两更其任”。枢密副使张宏与御史中丞赵昌言互换职务，是在雍熙四年（987）四月。张宏于此后接替赵昌言任御史中丞，直到端拱元年（988）二月自御史中丞复为枢密副使。张宏卸任御史中丞后，李巨源曾短暂担任权御史中丞，但最多不过四个月，其始任时间不详，但在当年闰五月“以鞠狱左迁”，知朗州。由此至端拱二年（989）“九月戊子，以驾部员外郎、知制诰王化基为右谏议大夫、权御史中丞”，在近一年半的时间里，并无任命他人为御史中丞的记录。端拱二年（989）九月，王化基开始担任权御史中丞，淳化二年（991）九月，去掉“权”字，任御史中丞。其卸任具体时间虽不详，但应在淳化三年（992）十一月之后。《宋会要辑稿》中有淳化三年十一月“十一日，御史中丞王化基同知京朝官考课”的记载。而元僖就在这个月的冬至那天去世了。也就是说，从雍熙三年（986）十月到淳化三年（992）十一月，在元僖担任开封尹这段时期，担任御史中丞一职的，先后为赵昌言（雍熙三年七月至四年四月）、张宏（雍熙四年四月至端拱元年二月）、李巨源（端拱元年三月至闰五月）、王化基（端拱二年九月至淳化二年九月权御史中丞，淳化二年九月始担任御史中丞，卸任时间在淳化三年十一月之后），端拱元年闰五月至端拱二年九月间该职位空缺。

《长编》的作者李焘在此事后附记说："《百官表》载此事于端拱元年，不记中丞姓名及许王所坐何事，今附见李巨源贬后。"李焘将上述元僖被弹劾事附在李巨源被贬之后，显然是在暗示，敢于弹劾元僖者乃李巨源。元僖由陈王进封许王，是在端拱元年（988）二月。就在同月，张宏卸任御史中丞，由李巨源接任。李巨源任职不过三四个月，便被免职外放。此后直到端拱二年（989）九月，其实朝中并没有人任御史中丞一职。假若上述元僖被弹劾的记载中，"端拱元年"的时间与"许王"的头衔均无误的话，那唯一的可能，就是刚刚就任权御史中丞的李巨源弹劾了刚刚被晋封为许王的元僖。

这样，虽然时间、头衔都对上了，但是事情的结局却对不上了。据记载，御史中丞弹劾元僖后，元僖虽不服，还是被"论罚如式"。假若李巨源弹劾了元僖，却因此被以其他借口降职，"以鞫狱左迁"，并且此后一年多时间里皇帝都不再任命臣僚担任御史中丞，这不是对元僖"论罚如式"，而简直就是对御史中丞的惩罚了。以太宗极其注重塑造个人形象的作派，应该是不会这样干的。

事实上，上述假设是未必成立的，史料中时间与封号的记载是未必确切的。李焘在南宋看到的相关史料，已经是语焉不详了。其原因很可能是此事虽然体现了太宗的无私，却突出了元僖的不是，当元僖以准皇储身份在世时，并没有被记录在案。待到后来元僖于淳化三年（992）十一月暴卒之后，史官才追记此事。在元僖担任开封尹的六年时间里，封号为"陈王"的时间不足一年半，为"许王"的时间近五年。并且，皇子们的封号是变来变去的，根据“近因效应”，事后人们记住的，往往是最后一个封号。史官笔下的“许王”，大概就是这么来的。而元僖“臣天子儿”这样有些撒娇意味的表述，当然是在其年幼之时行政历练尚不丰富的情况下所说，才较为合理。总之，事情发生时，“许王”的头衔是很可疑的。元僖的封号，也很可能还是“陈王”。

考虑到时间与封号的不确定性，则敢于弹劾元僖的御史中丞是赵昌言的可能性就很大了。元僖担任开封尹期间，先后担任御史中丞者，除了李巨源，还有三位：赵昌言、张宏、王化基。而这三个人的性格截然不同，赵昌言“强力尚气概，当官无所顾避，所至以威断立名，虽屡经摈斥，未尝少自抑损。然刚愎纵率，对僚吏倨慢，时论以此少之”。张宏“懦谨，无他策略。居内廷，见胥吏必先劳揖”。王化基“宽中有度量，所在僚属，或慢于礼者，不以介意。前知杭州，掌书记张贺尤傲忽，化基每优容之。上知其事，及归朝，询于化基，化基但称其才，语不及它。对亲旧，亦未尝短贺也”。这三人中，敢于劾奏元僖的，显然赵昌言的可能性最大。

将赵昌言确定为弹劾元僖的御史中丞，一条较为清晰的发展脉络便呈现在我们面前。在赵昌言任御史中丞三个月后，陈王元僖任开封尹。大概就任伊始，元僖因为不熟悉朝廷礼仪，冒犯了御史中丞赵昌言，遭到弹劾。“元僖不平”，虽然在太宗的压力下，“论罚如式”，但元僖对赵昌言的反感已经在怀。加之赵昌言等人不避行迹，有结党之嫌，给了元僖反击报复的机会。遂通过援引赵普入相，在赵普协力下，惩治了赵昌言一伙。

《宋史·赵昌言传》记载说：

> 初，太宗厚遇昌言，垂欲相之。赵普以勋旧复入，恶昌言刚戾，乃相吕蒙正。裁数月，会有颍狱，普以昌言树党，再劝太宗诛之，太宗特宽焉。

这段文字不可全信，说“太宗厚遇昌言”，这个是没有问题的，能进入枢密院任副使，当然是太宗的心腹。但“垂欲相之”，却因为赵普“恶昌言刚戾，乃相吕蒙正”，这显然高估了赵普的作用。我们当然不能否认赵普可能确实不满于赵昌言的“刚戾”，但说年已 67 岁、在宦海中沉浮一生的赵普仅因此便要对赵昌言赶尽杀绝，似乎难以说通。从史家留下的蛛丝马迹中，我们不能忽视元僖在背后所起的作用。

五人小集团中的胡旦，“少有隽才，博学能文辞”，是太平兴国三年（978）的榜魁。胡旦及第后的授官，和前一年的状元吕蒙正相同，“将作监丞、通判昇州”。在昔日南唐的都城，初入仕途的胡旦表现出相当的果敢与担当。

南唐后主李煜是虔诚的佛教徒，在他的影响下，释氏在南唐大行其道，僧尼众多。北宋兼并南唐后，到胡旦任通判期间，强令大量僧人还俗，“汰李氏时所度僧，十减六七”。胡旦敏锐意识到这背后的隐患，“彼无田庐可归，将聚而为盗”。于是采取强硬手段，将被淘汰下来的僧人强制征集为兵。任满返京，“迁左拾遗、直史馆，数上书言时政利病”。此后，胡旦又先后出任淮南东路转运副使、知海州。关于这次胡旦外任时的政声，何冠环先生是这样总结的：

> 胡旦在淮南东路转运副使任上，似乎和在昇州时一样，恣意行事，不理上司怎样看，他行事粗疏，容易给人找到把柄。后来太宗清算他旧账，便说他当日逞“少年气锐，所为不法”。太宗总算爱才，而他也懂得向太宗表现自己的才学，上书太宗述说他撰《汉春秋编年》的计划。太宗虽对侍臣表示怀疑胡旦能写出什么，但仍同意他干下去。在太宗对胡旦的另眼相看下，胡旦的“不法”未被追究。大概在（太平兴国）七年初，太宗罢诸路转运副使，胡旦和其他人一样，改授知海州（今江苏连云港市）。不过，他在海州年余，到八年中，又再被劾“沉湎

于酒，恣行鞭扑，妄奏部下吏课最，以图侥幸，增置胥吏，侵用官钱”。他原本已被逮捕系狱，幸而这一年八月逢上大赦，而太宗又爱才，结果他又一次避过处分，而且不久还得以回朝，并迁右补阙、直史馆之职。

胡旦外任期间，卢多逊因牵涉到赵廷美案被贬。胡旦回到朝廷任职后不久，赵普也在太平兴国八年（983）十月被第二次罢相。同年十二月，滑州的黄河水患得到控制，胡旦献给太宗一篇歌功颂德的文章《河平颂》，本着“天人感应”“汉家法制，以灾异责三公”的观念，他写道“逆逊远投，奸普屏外”，没想到这触动了太宗的神经：

太宗览颂有“逆逊、奸普”之语，召宰相谓曰：“胡旦献颂，词意悖戾。朕自擢于甲科，历试外任，所至无善状。知海州日为部下所讼，狱已具，适会大赦，朕录其材而舍其过，尚令在近列，又领史职，乃敢恣胸臆狂躁如此，其亟逐之！”即贬殿中丞、商州团练副使。

胡旦本想通过落井下石的做法来讨好太宗，没想到却落得个被贬外放的下场。不过，“成也萧何，败也萧何”，胡旦因为上书《河平颂》被贬，一年多之后又因为上《平燕议》，力主攻辽，收复幽燕，与太宗的心思高度合拍，于雍熙二年（985）被重新召回朝廷任职，“起为左补阙，复直史馆，迁修撰，预修国史，以尚书户部员外郎知制诰，迁司封员外郎”。

胡旦可能没想到，在他官运刚刚有起色的时候，之前被他骂作“奸普”的赵普再次入朝为首相，而其自身又不幸牵涉进翟颖案中。自己所为，已经罪不可恕，而主持案件处理的，又是自己一手树立的敌人，胡旦的前途，还能有指望吗？

被称为“陈三更”的陈象舆，据说当年也曾得罪过赵普，并因此遭到赵普的嫉恨。

赵普为节度使的时候，对中央办事机构的行文，采用下级对上级行文使用的“申状”格式，但赵普是开国元勋，曾两次入相，如此谦恭，别人收到后，自然不敢接受，一定要封还。只有时任盐铁副使的陈象舆来者不拒。相较之下，赵普认为陈象舆怠慢了自己，怀恨在心，这次陈象舆落在赵普手中，被从重处理。

本次入相，赵普奉元僖意旨处理赵昌言，又对几位曾对他不恭的臣僚加以重谴。在奉旨行事的同时，把自己的私人恩怨也捎带上，赵普的“习吏事”绝非浪得虚名。

赵普为相后办的第二件大事，是诛杀侯莫陈利用。这个名字有些古怪，“侯莫陈”是很少见的三字复姓，据说起源于北魏少数民族。北魏孝文帝时期，将侯莫陈氏改姓陈，以后就很少见了。这位名“利用”者，当初是个江湖卖药的，“多变幻之术，眩惑闾里”。被枢密承旨陈从信发现后，引荐给太宗。太宗“即日召见，试其术颇验，即授殿直，骤加恩遇，累迁至郑州团练使。前后赐与，宠泽莫二”。受宠之后就难免膨胀，侯莫陈利用不但“居处服玩”都学皇帝，而且依附他的人，经过他的推荐，颇获任用，形成了小集团，“士君子畏其党而不敢言”。雍熙年间，时任崇仪副使的侯莫陈利用曾鼓动太宗北伐，收取幽燕。赵普此次为相，是专门整肃朋党的，并且以“端拱而治”教导太宗的赵普，对于曾挑唆太宗北伐的人，难免有反感。“于是赵普使人廉得其专杀人及它不法事，力于上前发之。”派人核实后，太宗“诏除名，流商州，仍籍其家”。但是，大概这位侯莫陈利用是有一点特异功能，至少也是会一些江湖术士的障眼法吧，太宗还是对其念念不忘，在抄家之后，又“俄诏还之”。赵普唯恐其东山再起。

殿中丞窦諲曾在郑州负责酒的生产与专卖工作，了解侯莫陈利用当年的一些违法事实，曾和同僚们谈起过。赵普听说后，将窦諲叫到中书，问清细节，让窦諲上疏太宗告发。之前负责查抄侯莫陈利用家的，是次相吕蒙正的妻舅、时任京西转运使的宋沆。抄家的时候，发现几封书信，“言皆指斥切害”，这个时候，也上报给了太宗。

赵普劝太宗将侯莫陈利用诛杀，太宗还想贷其一死，说：“岂有万乘之主不能庇一人乎？”但赵普坚持说：“此巨蠹犯死罪十数。陛下不诛，则乱天下法。法可惜，此一竖子，何足惜哉。”太宗不得已，“命赐死于商州”。既而太宗又后悔，派使者快马传旨免其死，但使者在路上意外耽搁，抵达商州的时候，侯莫陈利用“磔于市矣”，已经一命呜呼了。

赵普完成的第三件大事，是为安定西北出谋划策。西夏叛服问题，困扰北宋数朝君臣。后来的宋神宗就曾总结说：“夏国自祖宗以来，为西方巨患，历八十年，朝廷倾天下之力，竭四方财用，以供馈饷，尚日夜惴惴然，惟恐其盗边也。”其起因，是西北的党项族领袖李继捧，接替其兄担任定难军留后一职，却得不到统治阶层内部的广泛拥护与支持，“宗族多不协”，“诸父昆弟多相怼”。不但曾发生过内部火并的事件，太平兴国七年（982）三月，其叔父、时任绥州刺史的李克文竟向宋太宗上言，说李继捧不应当承袭其父兄官职，众人不服，恐怕会生出变乱，请宋廷遣使，与其一起前往夏州，让李继捧入朝觐见。李继捧本不想去，太宗派出的使者与李克文抵达夏州敦请时，“继捧有难色”，但最终在内焦外困的压力下，还是随使者到了开封。

我们不清楚李继捧是屈服于太宗的政治压力还是真心觉得做大梁居民比在西北精疲力竭地应付焦头烂额的局面好，反正在这次觐见中，他向宋太宗献出了治下的银、夏、绥、宥、静五州地，请求在京师居住。在太宗看来，这与陈洪进、钱俶纳土并无二致。太宗“乃遣使夏州护缌麻已上亲赴阙，授继捧彰德军节度使，并官其昆弟夏州蕃落指挥使克信等十二人有差”。但是，当太宗派出的使者抵达时，李继捧的族弟李继迁却不愿去开封，谎称自己的乳母去世，要出城安葬，结果和其党羽数十人簇拥着装满武器的丧车，在宋廷使者的眼皮子底下跑掉了，躲到了距离夏州三百里、位于沙漠腹地的地斤泽。在那里，20 岁的李继迁得到当地人的拥戴，以“复兴宗绪”自命。

此后，北宋虽然名义上占据了银、夏、绥、宥、静五州之地，但其实际控制区域，只限于城池附近，散处于四州境内的众多部族，对宋均处于若即若离的状态。李继迁虽在太平兴国八年（983）三月“遣所部诣麟州贡马及橐驼等物”，向宋廷示好，但他对于宋太宗让其到开封的要求，却始终没有答应。非但如此，他还联合诸部族，先后进攻夏州、葭芦川、三岔口、宥州、王庭镇等地。“继迁数寇河西，银夏诸州无宁日。”太平兴国九年（984）九月，知夏州尹宪与巡检使曹光实出其不意，夜袭李继迁的老巢地斤泽。这一仗李继迁损失惨重，手下被杀五百人，被焚烧掉四百余帐，连其母其妻也成了宋军的俘虏，损失的羊马器械数以万计，李继迁仅以身免。

就在宋廷以为其重创之后不可能东山再起的时候，李继迁通过与部族首领联姻等方式，获取支持，势力又逐渐强大起来。雍熙二年（985）二月，李继迁派遣使者向曹光实诈降。他通过使者请求说，我连吃败仗，十分困窘，已经无法自存了，您能允许我投降吗？使者代表李继迁向曹光实施以“舅甥之礼”，表现出恭顺态度，并约定某日在葭芦川投降。曹光实大概被地斤泽的胜利冲昏了头脑，不但对李继迁的话深信不疑，并且为避免别人抢了功劳，故意封锁消息。到了约定日期，李继迁提前在前往葭芦川的路上做好埋伏，自己只带了十多个人到银州城外来迎接曹光实，曹光实率领百名骑兵随着李继迁去受降。等到将曹光实一行诱入包围圈后，李继迁举手挥鞭，伏兵四起。曹光实未能受降，便先行受死了。嗣后，李继迁与部下穿上死难宋军的衣服，高举起曹光实的旗帜，骗过守城的宋军，成功占据了银州。

李继迁从宋军手里夺回了银州，有了立足之地，又乘胜焚毁了战略要地会州城，进攻三族寨、抚宁寨。太宗得知消息后，派出田仁朗、王侁、李继隆等人讨伐李继迁及其附属部落。虽然宋军再一次让李继迁等人逃脱，但却给李继迁及附属部落以沉重打击，李继迁部在浊轮川被歼5000余人，不得不放弃银州。宋军迫使银、麟、夏三州境内125个部族、16189户表示归附。

此次李继迁联合诸部落“啸聚数万”，虽一度攻城略地，但最终仍未能站稳脚跟，这让他意识到仅仅依靠这些力量，还不足以与北宋相抗衡。于是他想到了北宋北方的劲敌辽。雍熙三年（986）二月，李继迁遣使厚赂辽国，请求依附。辽此时正面临着北宋的军事进攻，李继迁“叛宋来降”，若成为盟友，虽不足以置宋死命，但可使宋廷北伐的同时，不免西顾之忧，这当然为辽国君臣所乐见，于是，授予李继迁“定难军节度使、都督夏州诸军事”。

雍熙四年（987）二月，李继迁率兵掳掠夏州。知州安守忠以三万兵力迎击，结果在王亭镇遭遇埋伏，大败而逃，李继迁一路追至夏州城门才收兵。既而围城两个多月，直至知麟州韩崇训领兵来援，李继迁才解围而去。八月，李继迁在黑水河畔邀击宋银夏绥府都巡检使石保兴，石保兴趁李继迁部渡河之际发动攻击，以少胜多。十一月，李继迁在无定河畔集合部族，准备攻取银州，一些早对李继迁的残忍暴虐感到不满的部族首领，以暗箭射伤李继迁，攻银计划也被取消。

雍熙北伐失败后，宋廷有生力量遭到很大削弱，一时也无力再次组织对李继迁的武装围剿。面对西陲不安的局面，端拱元年（988）五月，赵普向太宗建议，“欲复委李继捧以夏台故地，令图之”。让已经归顺的前西夏首领李继捧返回故地主政，来对付他那叛服不定的族弟李继迁。太宗采纳了这个建议。

遗憾的是，赵普的这个计策并没有取得预期的效果。虽然李继捧回到夏州后，几度汇报说李继迁“悔过归款”，实际上李继迁并不是真心实意归顺，仍然叛顺无常。与此同时，李继迁一直在与辽修好，李继迁多次遣使入贡，而对方也投桃报李，在端拱二年（989）三月，将义成公主嫁给李继迁，并赠马三千匹。淳化元年（990）十二月，又封李继迁为夏国王。此外，李继捧在李继迁的劝诱下，竟也与辽国暗通款曲，辽在淳化二年（991）十一月封其为西平王。

端拱元年（988）七月，天气异常炎热，太宗对赵普说："卿耆年触热，固应不易。自今长春殿对罢，宜即归私第颐养，俟稍凉乃赴中书视事。"太宗的话，是在优待元老，也未尝不是在暗示赵普少管事。已近古稀的赵普此时身体也开始衰老，端拱二年（989）四月，赵普患病，太宗赴家看望。"诏免朝谒，止日赴中书视事，有大政即时召对。"十月，又被疾请告。至淳化元年（990）正月，因疾病，四上表请致仕，"上不得已，戊子，以普为西京留守、兼中书令"。

三、以长厚居相位

端拱元年（988）春，在吕蒙正处理母丧期间，翰林学士、礼部侍郎宋白知贡举，结果只录取进士 28 人，诸科 101 人，较之前的取士规模大幅减少。结果"榜既出，而谤议蜂起"，"上意其遗才"。太宗认为很多有才之士没有被选拔上来，先后四次覆试那些未被录取的"下第人"，结果，该年登进士者达 160 人，登诸科者达 621 人。太宗对自己在选人用人上的大手笔非常得意，他对时任枢密副使的张宏说：

> 朕自即位以来，亲选贡士，大者为栋梁，小者为榱桷。今封疆万里，人无弃材，日思孜孜，庶臻上理也。卿与吕蒙正等，曩者颇为大臣所沮，非朕独断，则不及此矣。

张宏是太平兴国二年（977）吕蒙正榜进士，那一年是太宗即位后第一次开科取士，不但录取人数大幅增加，而且初授官级别，也远远高于太祖时期，所谓"宠章殊异，历代所未有也"。时任宰相的薛居正等人便批评说："取人太多，用人太骤。"然而，"上意方欲兴文教、抑武事，弗听"。太宗这时旧事重提，既是有感而发，也是向张宏、吕蒙正这些天子门生强调自己的知遇之恩。

既蒙太宗如此厚爱，尽瘁事国便应该是这些臣子的不二选择了。那吕蒙正等人表现如何呢？吕蒙正本次为相的时间，自端拱元年（988）二月至淳化二年（991）九月，总计约三年半，这期间的表现，《宋史·辛仲甫传》说：

> 端拱中，（辛仲甫）进户部侍郎。时吕蒙正以长厚居相位，王沔任事，仲甫从容其间而已。

吕蒙正"以长厚居相位"，除了吕蒙正的性格使然，其实是另有他因的。第一，在淳化元年（990）正月赵普罢相之前，吕蒙正仅为次相，首相赵普的威望权势远在吕蒙正之上。虽然赵普对吕蒙正"甚推许之"，但是在这样一位开国元勋的阴影之下，吕蒙正很难真正放开手脚。第二，参知政事王沔能够"任事"，与其获得太宗的宠信有关。换言之，"吕蒙正以长厚居相位，王沔任事，仲甫从容其间"，未尝不是太宗乐见的局面。

王沔是吕蒙正的同年进士，初授大理评事、州通判，太平兴国四年（979）与吕蒙正一同或先后觐见了在北伐途中的太宗，两人被授予相同的新职"著作郎""直史馆"。此后，与吕蒙正在朝中担任"词臣"不同，王沔先后出为京西转运使、知怀州。太平兴国八年（983）年初，王沔已回到中央，以"直史馆"的身份与吕蒙正、贾黄中、李至等同知贡举。此后，吕蒙正被任命为参知政事，王沔则先后任枢密直学士、同签书枢密院事，雍熙元年（984），王沔"加左谏议大夫、枢密副使"。端拱元年（988），在赵普、吕蒙正拜相之际，王沔"改户部侍郎、参知政事"。

王沔能够得到太宗的青目，不仅因为他是天子门生，更是凭借自身的能力。《宋史》评价他“聪察敏辩，有适时之用”，在皇帝面前言事，能够娓娓道来。当时殿试，进士们所作的辞赋，是由臣下们读给皇帝听，然后评定优劣。王沔朗读时，声音洪亮而且畅达，为这些辞赋增色不少，凡是经他朗读的，往往能够高中。但是王沔“性苛刻，少诚信”，进入二府，执掌机务的时候，凡是来拜见他的，他都待之以甜言蜜语，来者往往喜出望外。然而过后的人事任命却往往不够允当，招致众人的怨恨。

在这种权力格局下，吕蒙正初次任相期间的事迹，零零散散，大致如下：

端拱元年（988）盛暑时节，太宗对宰相说：“今岁炎暑尤甚。流俗有言，人生如病疟，于大寒大暑中过岁，寒暑迭变，不觉渐成衰老。苟不竞为善事，虚度流年，良可惜也。”太宗谆谆教诲的这位宰相，应该是次相吕蒙正，太宗时年 50 岁，吕蒙正时年 45 岁。此时首相赵普已经 67 岁了，太宗不太可能告诫一个比自己还大 17 岁的老人要“竞为善事”，不要“虚度流年”。

十一月，辽军大举南侵，攻拔满城、祁州、新乐等地。北宋河北“诸将欲以诏书从事，坚壁清野勿与战”，只有定州都部署李继隆、监军袁继忠抓住时机，率军主动出击，“契丹骑大溃，追击逾曹河，斩首万五千级，获马万匹”，暂时遏制了辽军南侵的势头。然而，不到两个月，端拱二年（989）正月，辽军再度南下，攻破易州，数败宋军，宋军穷于招架。太宗诏群臣各陈备边之策，知制诰田锡在上疏中说：

> 臣闻前年出师向北，命曹彬以下欲取幽州，是侯利用、贺令图之辈荧惑圣聪，陈谋画策，而宰臣昉等不知。又去年招置义军，札配军分，宰相普等亦不知之。岂有议边陲，发师旅，而宰相不与闻！若宰相非才，何不罢免？宰相可任，何不询谋？

田锡在上疏中透露出一个重要信息：虽然雍熙北伐失败后，太宗对自己将北伐之事专委枢密院，“中书不预闻”的做法有所检讨，对枢密院班子说过“卿等共视朕，自今复作如此事否！”但在其后“招置义军，札配军分”的行动，仍然没有让以赵普为首的宰执们参与。知制诰田锡颇不以为然，在上疏中，称颂赵普“三入中书，再出藩镇，重望硕德，元老大臣，人所具瞻，事无不历”，请求太宗“以军旅之事，机密之谋，悉与筹量，尽其规画”。田锡还建议，不仅是军务，任何事情都应该和宰相们商量着办。“伏乞陛下一一与宰相谋议，事事与宰相商量，悔自前独断之明，行今后公共之理，则事无不允当，下无不尽忠矣。”

其实，太宗事必躬亲，绕过宰相直接过问、处理政务的事情，远不止田锡上述所说，据《国老谈苑》载：

> 太宗命三班奉职出使回，得上殿，因访民间利病。田锡上言：“陛下令三班奉职上殿言事，未审吕蒙正以下何用？”乃罢之。

三班奉职是从九品的低级武官，根本就没有上殿面君的资格，太宗曾想准许他们上殿，借以向他们了解外间情况。在强调“上下相维”的科层制官僚体制中，越过一级甚至多级传递信息、指挥行动，不但会造成被越过层级的被动，而且也含有一种不信任的意味。由于田锡的提醒，太宗才打消了这个念头。

七月，有彗星出，凡三十日，太宗避正殿，减常膳，并对宰相们说：

> 长星示变，盖天所以警人君之失，固宜恐惧修省，晋孝武反举酒劝之，如此狂惑，不亡何待。今岂非时政有阙，物情壅遏乎！百姓何罪，责在朕躬，敢不兢畏贬损，以答天谴。

八月，宰相赵普上《彗星疏》，表示“自知政术疏遗，宁免妖星谪见”，“因请依前代册免三公故事，明加黜责，激励忠良”，但太宗并没有答应这个请求。5天后，太宗大赦天下。次日，彗星不见。宰相们向太宗祝贺，并说：“灾异出现后，陛下引咎自责，减损礼仪，宽赦罪人，彗星因此不见，这真是盛美之事啊。”太宗回答说：“天鉴不远，当与卿等砥砺，以消去祸灾。”

这个月，太宗还与吕蒙正等人有过一番关于君子小人的谈话。太宗先是表达了对历史的敬畏感，他说：“为君为臣，做了一件坏事，都要被史籍记载，万年不能泯灭，不能不保持警惕啊。”由此，谈到了君子小人的话题。他说：“自古以来做皇帝的，都是希望任用君子、屏退小人的，为什么最终总是君子少小人多呢？”吕蒙正回答说：“此系时运盛衰。国家兴隆，则君子道长，其晦迹丘园，盖畏小人用事尔。有国家者，尤宜早辨。”

其实，太宗的问题并不难回答。君子得势还是小人得宠，完全在君主好恶，亲谁远谁，饱读诗书的吕蒙正怎么可能不知道？吕蒙正所以将其归纳为“时运盛衰”，很可能是因为太宗说过，宰相的职责是“抚夷夏，和阴阳，使百度修理，一人端拱无为”。太宗说，宰相事无不总，宰相称职，皇帝就可以实现端拱而治。现在问起为什么历朝历代往往“君子少而小人多”，吕蒙正当然不能将这个责任再推给皇帝，只能笼统地归结于“时运盛衰”。不论如何，反正太宗当时认可了吕蒙正的话，“上深然之”。

过了差不多170年，到南宋的绍兴三十二年（1162），侍读洪遵进读《三朝宝训》，讲到太宗的嘉言懿行时，又提到了太宗与吕蒙正之间这段关于君子小人的对话，孝宗对吕蒙正的回答颇不以为然，他说：“吕蒙正所言君子小人系时运盛衰，朕以为不然，正在人君如何耳。”孝宗说的固然没错，不过他对于太宗的为人，可能太缺乏了解了。

彗星出现，天象异常的事刚刚过去，灾难又不幸降临，九月、十月，北宋又开始闹旱灾。太宗很焦急，除了像之前一样“减膳”，还亲自到各处祈雨，然而都没有能感动上天。一天晚上，太宗给宰相写信说：

> 万方有罪，罪在朕躬。自星文变见以来，久愆雨雪。朕为人父母，心不遑宁，直以身为牺牲，焚于烈火，亦足以答谢天谴。当与卿等审刑政之阙失，念稼穑之艰难，恤物安民，庶祈眷佑。

当时赵普因病在告，太宗便派人将这封信交给吕蒙正等人。吕蒙正等人看后，当然要将这责任揽过来，宰执们到长春殿面见太宗，认错说：“陛下即位以来，日理万机，勤政爱民，没有一丁点儿的过失。都是因为我们这些大臣无能，才造成了这些罪过。汉代制度规定，发生水旱之灾，要罢免三公。臣等备位宰相，实在应该承担责任，请求罢免，为贤能的人让路。”太宗没有答应，只是将他们慰勉了一番。

面对旱灾，知制诰田锡再次上疏言事。此类上言，鲜有新意，无外乎是借天变求言之机，指陈现实政治中的问题，但其中有几句说得特别深刻，简直可谓切中肯綮，田锡是这样说的：

> 然自今岁以来，天见星妖，秋深雷震，继以旱暵之沴，可虞饥馑之灾。此实阴阳失和，调燮倒置，上侵下之职而烛理未尽，下知上之失而规过未能，所以成兹咎征，彰乎降鉴，或乾文示变，或沴气生妖。

“上侵下之职而烛理未尽，下知上之失而规过未能”分明是在批评太宗事必躬亲，管得太多太细，侵夺了有司的职责，导致臣下袖手旁观。臣下明明知道太宗处置不妥之处，却沉默不言。太宗看罢，很不高兴，宰相吕蒙正看到其中“调燮倒置”等语，也非常生气。这位好言的田锡因犯众怒，被罢知制诰，以户部郎中出知陈州。

端拱二年（989）十二月，太宗就各地呈交的奏疏中敬称皇帝尊号的问题，发布了一道诏书，其中说：“古代贤明的君主，寄身在众人之上，只为努力实现安定昌盛、教化大行的局面，怎么会崇尚虚名呢？况且皇帝的称呼，已经非常尊崇。自唐代以来，顺从臣子的爱戴，开始给皇帝增添褒扬赞美的尊号，成为制度。此后给皇帝上尊号的事情愈演愈烈，积习难改。朕曾广泛地查考史籍，以追随仿效古代的做法。上尊号的做法，与三皇五帝时的旧制度不同，朕很担心名声与事功不相称，一想到这里便不禁怅然，无法安居。自今各地所上的表章，宜只称皇帝。”第二天，吕蒙正等上奏说：“陛下的功业与德行卓著，只该增加尊号，现在忽然省去，大家都很惊惧。”太宗回答说：“皇帝二个字，也不可以并称的。从秦始皇开始这样使用，后代就沿袭不改了。朕之前曾打算只称王，但是因为诸位皇子已经封王，为示区别，不得不称皇帝。朕的意志已经坚定，爱卿等不要再上奏请求了。”次相吕蒙正等的请求没有得到批准，3天后，首相赵普再次率领百官上表，请求恢复尊号，请求两次，太宗都没有答应。赵普等人退而求其次，以减少尊号的字数作为让步，4天后，给太宗上了“法天崇道文武”六个字的尊号，这次太宗下令去掉“文武”二字，接受了“法天崇道”的尊号。

同月，太宗又与吕蒙正谈起如何鉴别使用人才。太宗说：“国家取士，都是一级一级地升迁，位于下层，有才能有品德却隐藏不露的人很多，不要因为按部就班升迁的规定而埋没了这些人才，也好成就朕渴求人才的愿望。”太宗接着说：“和平年代，凡事强调规则，做臣子的，就很难建功立业。在战乱年代，用人只考虑才干，而不顾品行，像汉代的陈平、韩信，顷刻之间便能建功立业，假如他们生在和平年代，就无处施展他们的谋略。所以孔子从德行、政事、文学、言语四个方面教育学生，把德行置于第一位。”太宗还说：“地位、级别低下者中，不能说没有优秀人才。通常来说，君子都是蕴含美德、坚持操守的，难进易退，不求闻达，所以总是让人担心他们不能被发现。”吕蒙正回答说：“用不同的职务、任务接连考察他们，则有没有能力很容易判别。”太宗问：“本性的善恶，怎么能够知道呢？”吕蒙正回答说：“人做好事，终究不能遮蔽，时间长了，会更加明显，至于为恶，也是一样。一时听到某人善恶的评价，可能涉及爱憎，据此选拔任用，恐怕会犯错误，必须要长时期地考察，才能赏罚适当，不致过度。”太宗对吕蒙正的回答很满意。

淳化元年（990）正月，赵普罢相，归洛阳私第养疾。吕蒙正是太宗所取进士中第一个做宰相的，自及第到担任次相，不过 11 年，太宗考虑到他年轻，恐难以服众，所以请赵普做首相，实现“老带新”。赵普此次入朝居相位二年，但因身体原因，后期已较少过问中书事务。赵普罢相后，吕蒙正就成为唯一的宰相。

雍熙二年（985），吕蒙正在参知政事任上，其堂弟吕蒙亨参加殿试，本已被评为及第，但因太宗“与孤寒竞进”的一番话，被取消了成绩。现在吕蒙正独相，其子弟通过科举迈向仕途更加无望。于是吕蒙正不得不考虑恩荫一途，他向太宗请求为三位弟弟授予幕职州县官。淳化元年（990）九月，“以乡贡进士吕蒙叟为鄢城县主簿，蒙庄楚丘县主簿，蒙巽沈丘县主簿”。

淳化二年（991）正月，太宗曾与身边大臣谈论如何统驭将帅。他不无得意地说：“前代武臣，桀骜难治，想给他们换个地方，换个职位，必得先发兵做好防范叛乱的准备，然后才能下达任命。假若皇帝以赏赐来姑息，稍微没有雨露均沾的话，则四方的藩镇，就像一群狗一样，交相狂吠。周世宗的时候，安审琦从襄阳来开封觐见，周世宗高兴得不得了，亲自到安审琦的府第中探望。如今就没有这样的事了。”宰相吕蒙正高度肯定了本朝在这方面取得的成绩，说：“上级管理下级，就应该像胳膊指使手指那样，指挥如意，才为适当。如果尾大不掉，也即形成属下势强，不听从上级调度指挥的局面，那怎么能够使国家在政治上安定清平呢？”太宗接着说：“现在的州郡长官，以至于将帅，都能够体会到朕的心意，只要让我听说稍有过失，就绝没有怜悯宽恕的道理，所以每个人都能检点自身。”参知政事王沔说：“后周的时候，李谷以宰相的身份率兵讨伐南唐，却没有成绩。”太宗说：“朕当时就在军中，全都看在眼里。李谷深居高处，将校很难见到他。即便见到，中书省当值的官吏（也会要求将校们）要先作揖然后才能向前，让那些武士们行小步快走上前作揖，非常迂阔。当时撤退的时候，要不是李重进以精兵援助，恐怕就要狼狈不堪了。”

三月，枢密直学士寇准揭发参知政事王沔用刑不公，包庇弟弟王淮。据《宋史·寇准传》载：

> 淳化二年春，大旱，太宗延近臣问时政得失，众以天数对。准对曰：“《洪范》天人之际，应若影响，大旱之证，盖刑有所不平也。”太宗怒，起入禁中。顷之，召准问所以不平状，准曰：“愿召二府至，臣即言之。”有诏召二府入，准乃言曰：“顷者祖吉、王淮皆侮法受赇，吉赃少乃伏诛；淮以参政沔之弟，盗主守财至千万，止杖，仍复其官，非不平而何？”太宗以问沔，沔顿首谢，于是切责沔，而知准为可用矣。

这一幕颇具戏剧性，淳化二年（991）春大旱，太宗问近臣是不是因为施政不妥导致的，群臣当然清楚太宗此问只是摆姿态，所以都说这是天数。只有时任枢密直学士的寇准不看眉高眼低，说：“之所以大旱，是由于刑法不公导致的。”太宗没想到真有人敢给出肯定的回答，第一反应是“怒”，拂袖而去。后来想想寇准话里有话，就把寇准找来质问。寇准故意卖关子，对太宗说：“希望您把中书与枢密院的大臣们都找来，我当着大家的面说。”太宗照办。宰相吕蒙正、参知政事王沔等宰执大臣都到了，寇准这才说：“不久前，祖吉、王淮两个人贪污受贿，祖吉贪污数额少却被诛杀了，而王淮因为是参知政事王沔的弟弟，职务犯罪金额巨大，却只被打了几棍子了事，还任定远主簿，这难道不是不公吗？”太宗问在场的王沔，王沔只有磕头谢罪的份儿，太宗狠狠责备了王沔。从这时起，太宗对王沔的宠爱就开始衰减了。

太宗责备了王沔，并没有感动上天，旱灾仍在继续，蝗灾又接踵而来。太宗在当月手诏吕蒙正等曰：

> 元元何罪，天谴如是，盖朕不德之所致也。卿等当于文德殿前筑一台，朕将暴露其上，三日不雨，卿等共焚朕以答天谴。

太宗表示，天灾都是我这个皇帝德行不够导致的，你们这些大臣在每日朝会的文德殿前面筑一个台子，我要在上面接受风吹日晒，3天之内不下雨，你们就放火把我烧了。

面对天灾人祸，皇帝下诏罪己并不鲜见，但像宋太宗这样，要自虐，并且三天之内不下雨就要自焚的罪己诏，恐怕绝无仅有。宰执大臣们见了，又惊又怕。“蒙正等惶恐谢罪，匿诏书。”吕蒙正等人赶紧把诏书藏起来，把导致风不调雨不顺的罪过承担起来。结果不知道是不是太宗的忧国忧民感动了上苍，很凑巧的是“翌日而雨，蝗尽死”。

同在三月，辛仲甫因足疾罢参知政事，出知陈州。自雍熙三年（986）六月除参知政事，辛仲甫“执政逾三年”，“从容自守而已”。

四月，张齐贤、陈恕被任命为参知政事，这次人事调整，给王沔以很大压力。

王沔与张齐贤、陈恕都是吕蒙正同榜进士，本有着同年之谊，王、张二人还曾是枢密院的同僚，可惜，王与张、陈二人的关系都很差。赵普罢相后，“吕蒙正以宽简自任，王沔怙恩招权，政事多决于沔”。王沔成为中书的实际负责人。这时候，张齐贤与陈恕一起来到中书任职，王沔很不安，怕手下人将之前中书的事情，特别是他之前“怙恩招权”的丑事告诉张齐贤、陈恕。恰巧，这时候左司谏、知制诰王禹偁提议说：“请求今后百官谒见宰相及枢密使，都要在朝会结束后，在办公议事的‘都堂’里相见，不能在宰执自己的办公室接待，以防请托。”这正中王沔下怀，都堂乃耳目众多之处，想告发的人自然有了忌惮，所以他立即将此议上报太宗，请求施行。太宗表示同意。

但是半路杀出个程咬金，“直史馆谢泌以为如此是疑大臣以私也，疏驳之。太宗追还前诏”。王沔的心愿非但没能达成，通过这件事，还让太宗意识到王沔在弄权，并直接导致了王沔在九月被罢免参知政事一职。

沔以弟准故，数为枢密副使寇准所诋，上亦癖沔任数好诈，非廊庙器，遂与恕同日俱罢。沔奉诏，见上，涕泣不愿离左右，不数日，须鬓皆白。

权力让人年轻，这句话在王沔的身上体现得淋漓尽致。一旦被罢免，只几天工夫，就须发皆白，成为笑柄。与王沔同日被罢的，还有担任参知政事不到半年的陈恕。

陈恕被罢，是好心办了坏事。陈恕有位好友叫樊知古，曾多次担任转运使，颇得好评。这时任户部使，却屡屡因为工作没做好，遭到太宗的严厉批评，之前的好评也烟消云散了。陈恕很替老友着急，太宗每次谈及三司工作的失误，陈恕都转告樊知古，希望他能够尽力改正。后来樊知古在面见太宗的时候，将太宗说过的对工作不满意的地方，一一进行解释。太宗很奇怪，樊知古是怎么了解到他的心思的，便问他，从哪里知道的这些。樊知古实话实说，是陈恕告诉我的。太宗对于陈恕泄露君臣谈话内容，非常生气，也痛恨樊知古轻佻，将陈恕、樊知古都予以罢免。

王沔、陈恕失宠的同时，吕蒙正因为牵涉到立太子等事，也被罢相。

吕蒙正是否支持立元僖为太子，并没有明确的记载，但是从几件事中或许可以揣测其态度。

一是赵普罢相后，吕蒙正独相，“复上言，乞班诸王下，诏不允”。吕蒙正请求朝见时，自己的位次排在元僖等封王皇子之下，这显然有抬高元僖地位的意思。

二是“淳化中有上封请立皇太子者”，按理说，德芳、德昭、廷美先后去世，太宗将来会传位于子，已经非常明显了。在元佐被废之后，元僖于雍熙三年（986）十月被任命为开封府尹，其准皇储的地位已经确立。淳化二年（991），太宗已经53岁，而其兄太祖也不过享年50岁。此时有人提起立太子，也并不算唐突，但是太宗却有自己的考量。《长编》记载说：

> 上尝谓近臣曰："屡有人言储贰事，朕颇读书，见前代治乱，岂不在心！且近世浇薄，若建立太子，则官僚皆须称臣。宫僚职次与上台等，人情之间，深所不安。盖诸子冲幼，未有成人之性，所命僚属，悉择良善之士，至于台隶辈，朕亦自拣选，不令奸险巧佞在其左右。读书听书，咸有课程，待其长成，自有裁制。何言事者未谅此心耶？"

太宗对于自己任开封府尹期间培植党羽，最终抢班夺权的经历记忆犹新，深恐立太子之后，元僖名正言顺地形成"第二中央"，对自己的皇位构成威胁。另外，大概也自恃身体状况还不错，所以，置多人的建言于不顾，丢给众人一句"自有裁制"，言外之意，你们这些臣子就别瞎操心了。

太宗说这话的时候，吕蒙正应该也在场，没想到言犹在耳，向太宗请立太子的事又发生了。淳化二年（991）九月，"于是左正言、度支判官宋沆等五人伏阁上书请立许王元僖为皇太子"，并且"词意狂率"，太宗非常生气，将上书的宋沆、冯拯、尹黄裳、王世则、洪湛 5 人贬官外放，"以惩躁妄"。这其中的宋沆，是吕蒙正的妻舅，又是吕蒙正所引荐的。宋沆上书之前，是否曾与吕蒙正商量，我们不得而知，但是这种可能性是很大的，也就是吕蒙正支持立元僖为太子的可能性是很大的。

此外，还因之前发生的另一件事，导致了太宗对吕蒙正有了误解与不满，这次宋沆等人的上书，成为压死骆驼的最后一根稻草。据《东都事略》载：

> 蒙正初为相时，张绅知蔡州，以赃败，有为绅营解于太宗曰："绅家富，不至此，特蒙正贫时有求不获，今报之尔。"太宗即复绅官。蒙正终不辨。

吕蒙正第一次任相期间，知蔡州张绅因为贪赃事发被免职。有人为了营救张绅，就对太宗说，张绅家里很有钱，不至于为了仨瓜俩枣而贪赃枉法。只不过是吕蒙正年轻没及第的时候家里面穷，曾向张绅借贷，张绅没答应，现在找个由头报复罢了。太宗最恨别人在官员选任问题上上下其手，也没做任何调查，马上就恢复了张绅的官职。这位说吕蒙正为报旧日之仇，而迫害张绅的人是谁呢？很可能就是在利涉院中一同读书的伙伴、一同及第的同年、一同在朝为官的温仲舒。《长编》在吕蒙正罢相事后载：

> 初，温仲舒与蒙正同年登第，情契笃密。仲舒前知汾州，坐私监军家婢，除籍为民，穷栖京师者屡年，蒙正在中书，极力援引，遂复籍。及骤被任遇，反攻蒙正，蒙正以之罢相，时论丑之。

温仲舒刚刚在四月份被任命为枢密副使，"骤被任遇，反攻蒙正"，时间对得上，攻击的内容是什么呢？就是吕蒙正打击报复张绅云云。有机会在太宗面前打小报告，并且熟悉吕蒙正早年经历的，除了温仲舒，还能有谁呢？

九月己亥，中书侍郎兼户部尚书、平章事吕蒙正罢为吏部尚书。翰林学士起草的《吕蒙正罢相除吏部尚书制》说：

> 宰相之任，所以代天工，统人物，内以平章百姓，外以镇抚四夷。华夏具瞻，安危攸系。非有吁谟献纳，蔑闻苦口之言。朋党比回，深失苍生之望。宜行策免，以肃朝经。具官吕蒙正，擢自单平，累迁清要。骤登三事，于兹九年。所宜尽瘁公家，厉精庶政。任当补衮，而曷尝有闻。知在挈瓶，而曾无所守。但务引援于亲媚，宁思澄汰于品流。窃禄偷安，莫斯为甚。匿瑕藏垢，诚合自知。傥更倚于弼谐，是自贻于蒙蔽。政之有阙，悔不可追。用全进退之宜，式表始终之分。尚居会府，俾领天官。允谓优隆，勿忘循省。

这份免职书中，列举的吕蒙正的主要过失，一是“非有吁谟献纳，蔑闻苦口之言”，“窃禄偷安”云云，这其实就是“吕蒙正以长厚居相位”的另一种说法罢了，前有赵普任首相，后有王沔弄权，吕蒙正初次任相时的形象，可不就是“温良恭俭让”吗？二是“朋党比回，深失苍生之望”，“但务引援于亲媾”，这显然是在说宋沆的事情。至于有人说吕蒙正公报私仇处理张绅的事情，这份内制里倒是没提，这也不难理解，别人的告发，只是一面之词，既然没有深入调查核实，那么便难以在官文书中被采信。吕蒙正被罢相后，事实证明那的确是诬陷。

王沔偏袒其弟王淮，有人揭发吕蒙正公报私仇处理张绅，这两件事，不能不让太宗开始担心中书刑罚的公正性。这也就不难理解，这一年八月的“置审刑院于禁中”这项新举措意图所在，是进一步分割宰相职权。审刑院“本中书刑房，宰相所领之职，至是析出”。

宰相吕蒙正被罢为吏部尚书后，太宗任命李昉、张齐贤同为宰相，贾黄中、李沆并为参知政事。

据说，吕蒙正、王沔被罢免后，查出了中书办事人员之前的违法事实，牵扯到当时的中书大臣，有人趁机诋毁前任宰相和参政，没想到太宗一语定乾坤，说：“吕蒙正有大臣体，王沔甚明敏。”对两位前宰执下了定论。皇帝既然如此表态，诋毁者也就不好再说什么，“惭而止”。

四、罢为吏部尚书的两年

淳化二年（991）九月，吕蒙正罢相。淳化四年（993）十月，他再次入相。这两年间，吕蒙正虽享受吏部尚书的待遇，并参加常朝，却没有任何实际职事，也未对朝政有所议论或影响。但是这两年间，庙堂之上却并不平静。

以李昉为首的这一届宰执班子非常不走运，任职期间，天灾人祸不断。先是在淳化三年（992）发生旱蝗，五月己酉，因久旱不雨，太宗忧心忡忡地对李昉等宰执们说："旱灾越来越严重，朕恳切祷告，四处祈福，却并没有得到积极的回应，难道是各地断狱有冤枉失实，州县的官吏不称职，朝廷政治有不足吗？"太宗为此特意派出17名常参官（朝官）分赴各地对案件的审判工作进行监督检查。当天晚上，便下起了雨。

第二天，李昉等宰执相继向太宗道贺。太宗说："朕勤勉不懈，希望国家得到很好的治理，顾恤民众疾苦，内省于心，觉得没有辜负天下苍生。久旱不雨，也是阴阳之数所致，没什么值得担忧的。朕所忧心的是狱吏玩弄文字，曲解法律，肆行诋毁；是负责财政的官员急于敛取赋税，不顾百姓死活；是地方长官不能宣扬朝廷颁发的考察官吏的条令；是当朝的公卿不能尽职有为。"

上述太宗的谈话，出自《长编》。然而，在其他史料记述的这次谈话中，太宗的语气要严厉许多。"太宗切责曰：'久愆时雨，何由而致？'"这么长时间没有应时的雨水，是什么原因导致的？言外之意，是宰执不称职导致的。之前吕蒙正为相的时候，不就说过"汉制，水旱策免三公"的话吗？太宗的一句话，让宰相李昉、张齐贤，参知政事贾黄中、李沆既惭愧又恐惧，纷纷上表检讨，等待处分。

太宗对李昉等人虽有不满，但还没有准备马上罢免他们。意识到自己的话说得有些重，便又安慰他们说："朕心中有什么想法，便想向爱卿等直说。既然说出来了，也就过去了。不过中书大大小小的政务，爱卿等要尽心做好啊。"

六月庚申那天，有大量的蝗虫自东北方向飞来，遮天蔽日，向西南方向飞去。太宗对宰相李昉等人说："朕向来没见过这虫子，现在成群结队地飞过，势头正盛，恐怕不免要祸害庄稼。朕忧愁得像有东西在捣心一样，急忙派人去虫子聚集的地方察看，爱卿等有什么办法可以消灭害虫？”大臣们回答说：“这些危害庄稼的虫子，天旱才能滋生，雨水频繁的话，就不能飞了，能否构成灾害，也要看天命。现在陛下为此焦虑烦劳，担心天下的老百姓，一定能够感动天地。臣等作为宰相，没能调和阴阳，深感羞愧恐惧。”就在君臣这番谈话的当晚，下起了大雨，蝗虫全都死了。这次旱蝗，在未造成灾害之前，由于及时的大雨，得以解除，这一年，农业还获得了大丰收。“时京畿大穰，物价至贱。”不但化解了百姓生计的危机，也让太宗对李昉等人的不满暂时压抑下来。

5个月之后，开封府尹、许王元僖突然死亡。《宋史》载：“元僖姿貌雄毅，沉静寡言，尹京五年，政事无失。”淳化二年（991）九月，曾发生过宋沆等人请求立元僖为太子之事，说明元僖那时已经有了一定的“群众基础”。但是就在一年多之后，这位准皇储却突然死了，官方的记载很简单，只有寥寥数语：

（淳化）三年十一月己亥，元僖早入朝，方坐殿庐中，觉体中不佳，径归府。车驾遽临视，疾已亟，上呼之犹能应，少顷遂薨。

一个处尊养优、年仅27岁的青年，平时并没有任何疾病的记录，怎么就突然死了呢？《默记》里记载了张去华之孙张景山的说法。元僖任开封府尹期间，张去华为开封府判官，曾负责翟颖案的审理，是元僖的重要僚佐。因此这个说法相当可信：

太宗长子楚王元佐既病废，次即昭成太子元僖，封许王，最所钟爱。尹开封府，择吕端、张去华、陈载一时名臣为之佐。礼数优隆，诸王莫比。将有青宫之立。王丰肥，舌短寡言，娶功臣李谦溥之女，而王不喜之。嬖惑侍妾张氏，号张梳头，阴有废嫡立为夫人之约。会冬至日，当家会上寿，张预以万金令人作关捩金注子，同身两用，一着酒，一着毒酒。来日，早入朝贺，夫妇先上寿。张先斟王酒，次夫人。无何，夫妇献酬，王互换酒饮，而毒酒乃在王盏中。张立于屏风后，见之，撅耳顿足。王饮罢趋朝，至殿庐中即觉体中昏愦不知人。不俟贺，扶上马，至东华门外，失马仆于地，扶策以归而卒。太宗极哀恸，命王继恩及御史武元颖鞫治。顷刻狱就，擒张及造酒注子人凡数辈，即以冬至日脔钉于东华门外。赠王为太子，府僚吕端、陈载俱贬官。而张去华已去官，旋以他事贬云。去华之孙景山言，亲见其详。今国史载此事多微辞，惟言上闻之，停册礼，命毁张之坟墓而已。

据说，太宗为元僖迎娶了宋初名将李谦溥的女儿，但是元僖并不喜欢这位“将门虎女”李氏，而喜欢一位号称张梳头的侍妾。元僖与这位张梳头你侬我侬之际，竟私下里答应要将李氏废掉，立张梳头为王妃。这大概是古今中外男人们偷情时惯用的伎俩，事实上除了哄情人开心，并没有什么约束力。然而这位张梳头却迫不及待，冬至即将来临，王府中要举行敬酒仪式。张梳头提前花费重金，让人做了一个有机关的金酒壶，内可同时装酒与毒酒，操作机关即可切换自如。张梳头要趁着冬至那天敬酒的机会将李氏毒杀，制造机会让自己上位。

冬至那天早上，大家先向元僖夫妇敬酒，张梳头先给元僖斟酒，然后再给李氏斟上毒酒。不久，夫妻互相敬酒，元僖出乎张梳头意料地将自己的酒杯与李氏的进行交换，毒酒就跑到了元僖的手上。张梳头立在屏风后面，抓耳顿足，却没办法阻止。上前阻止的话，自己的阴谋立刻就会暴露，肯定也活不成了，就只能眼睁睁地看着元僖把毒酒喝了。

元僖喝完酒，就去上朝，刚到朝堂，就昏迷不醒了。来不及等太宗到来祝贺冬至，就被属下扶上马。行至东华门，从马上摔下来，被人搀扶着回到府第，很快就去世了。太宗非常悲痛，命王继恩等人查办。事情经过很简单，很快就查清了，就在冬至这天，将张梳头和制造那个金酒壶的人等在东华门外千刀万剐了。

正史中的记载与张景山的说法大不相同。《宋史》中先是记载了太宗的丧明之痛，“及（元僖）薨，上追念不已，悲泣达旦不寐，作思亡子诗，示近臣”。接着才交代事情的后续处理：

未几，人有言元僖为嬖妾张氏所惑，张颇专恣，捶婢仆有至死者，而元僖不知。张又于都城西佛寺招魂葬其父母，僭差逾制。上怒，遣昭宣使王继恩验问，张缢死。左右亲吏悉决杖停免，毁张氏父母冢墓，亲属皆配流。

上述官方记载，对元僖死因讳莫如深，对张氏阴谋也讳莫如深，愈发印证了《默记》中“国史载此事多微辞”的说法。

元僖事件过去没多久，淳化四年（993）二月，四川又爆发了王小波、李顺起义。“它以数逾百万之众，暴风骤雨之势，席卷了西川和东川，时间延续五年之久，曾在成都建立‘大蜀’农民革命政权，向封建统治者进行了激烈的斗争。……特别是这次起义响亮提出和实施的‘均贫富’的战斗纲领，把我国历史上的农民起义推进到了一个新的历史阶段，对于此后封建社会的农民起义也具有深远的影响。”但整个淳化四年（993），起义尚在发展上升阶段。在黄老思想弥漫朝野的情势下，宋廷并未能及时采取有力措施，将动乱消弭青萍之末，相反，却幻想通过安抚妥协息事宁人。淳化五年（994）正月，李顺占领成都，起义发展到高潮，庙堂之上的九五至尊与衮衮诸公始觉芒刺在背，不得不开始武装镇压。

国家多故，宰执班子却鲜有作为，太宗的不满在心中滋长，在五月份再一次表露出来。当时，太宗就对李昉等人说了这样一段话：

朕孜孜听政，所望日致和平。而在位之人，始未进用时，皆以管、乐自许，既得位，乃竟为循默，曾不为朕言事。朕日夕焦劳，略无宁暇，臣主之道，当如是耶？

李昉等人“惶惧拜伏”，太宗仍对他们寄予期望，说道：“事有未至，与卿等言之，亦上下无隐尔。”但是，在政治大环境没有改变的情况下，指望李昉等人改弦易辙，实属强人所难。

意外不断，正需要君臣同心一德，共度时艰之际，六月，次相张齐贤又意外地被罢相。张齐贤之所以被罢，据《宋宰辅编年录》记载，是因为一次干请。殿中丞朱贻业是参知政事李沆的姻亲，与诸司副使王延德共同管理京师粮仓。王延德想去外地做官，便托同僚朱贻业向李沆通融，李沆报告给了宰相张齐贤，张齐贤便向太宗说起此事。太宗说："王延德是我做开封府尹时的老部下，不自己跟我申请，反而去求大臣！"太宗立即把王延德找来，当面责备他。王延德这时候大概是有些害怕，面对太宗的责问，改口说自己没有请求到外地做官。于是太宗把张齐贤叫来对质。张齐贤说是听朱贻业说的，结果这个朱贻业也不说实话，否认曾经居中传话。张齐贤不想把李沆牵扯进来，于是将过失揽在自己身上。由此，引起了太宗的不满，以至于被罢相。此事涉及请托，又与参知政事李沆有关，而张齐贤却独自承担了责任，虽然被罢，却赢得了朝野的普遍赞誉。

张齐贤罢相制书里面的说辞，主要是能力不够，经常告假，所谓"力不逮心，名浮于实""况多居于假告，特宜解于钧衡"，没有提及上述干请之事。

张齐贤被罢相的同日，吕端被任命为参知政事。吕端生于后唐清泰二年（935），其父曾任后晋的兵部侍郎，吕端得以在后晋时荫补入仕。后汉时，吕端曾与李昉同直弘文馆。后周末，累官至著作佐郎、直史馆。入宋后，吕端先后知浚仪县，同判定州，知成都府等。廷美与元僖任开封府尹时，吕端曾任开封府判官。但是很不幸，这两任开封府尹都没能善终，吕端也没能跟着攀龙附凤，相反仕途颇为偃蹇，但他不以为意。元僖死后，开封府的僚属都得到了贬谪，他被贬为卫尉少卿。当时很多犯过错误的官员，因为被授予"散秩"，不给全俸，在面见太宗时，痛哭流涕，说自己将不免饥寒。等到吕端面见太宗时，他却说："之前廷美任开封府尹，臣任开封府判官，因为不能约束下属，被贬为商州司户参军。后来为陛下您所不弃，重新起用。在臣第二次担任开封府判官期间，许王元僖突然去世了，我这属下有责任啊，可是陛下您又不重责臣，还给予卫尉少卿的待遇，臣实在是罪过巨大，却又十分幸运啊！现在考课院根据每个人的表现好坏，来予以进退，假如能够得到'散秩'中的颍州团练副使，臣就非常满足了。"

太宗对于吕端的豁达非常赞赏，说"朕自知卿"。没多久，就恢复了吕端之前的待遇，任命他为枢密直学士。一个多月后，张齐贤被罢相之际，太宗又任命吕端为参知政事。

继去年的旱蝗之灾后，淳化四年（993）秋天又爆发了洪涝灾害，开封成为一片泽国。《长编》载：这年秋天，自七月开始，雨一直下个不停，路上泥泞，达数尺之深。朱雀门、崇明门外面积水尤其严重，百姓往来，要靠乘坐大瓦盆或木筏通过。城墙、房屋多被雨水浸蚀，老百姓有被坍塌的建筑物压死的。物价飞涨，开封近郊的庄稼多数绝收，很多老百姓流离失所。陈、颍、宋、亳等州境内盗贼群起，商旅不行。太宗认为，阴阳失调，责任在宰相，对宰相李昉、参知政事贾黄中和李沆说："卿等盈车受俸，岂知野有饿殍乎？"诸位享受着高官厚禄，可知道外面有老百姓因饥饿而死吗？这句责备让宰执们无地自容，贾黄中出宫后，对人说："当时但觉宇宙小一身大，恨不能入地尔。"

太宗对宰执班子的不满，积累到现在，终于忍无可忍，淳化四年（993）十月辛未，太宗将李昉、贾黄中、李沆三人罢免。负责起草罢相诏书的是李昉的好朋友张洎。说来这位李宰相确实没有什么知人之明，之前的好朋友卢多逊曾在太宗面前多次说李昉的坏话，现在的好友张洎又落井下石。太宗召来翰林学士张洎，告诉他要将李昉罢相，本官由原来的右仆射升为左仆射。张洎觉得这样太便宜李昉了，他说：

近霖雨百余日，昉职在燮调阴阳，乖戾如此，而无归咎引避之意，矧中台仆射之职，百僚师长，不减于左，低昂轻重不侔，因而授之，何以劝人臣之尽节？宜加黜削，以儆具臣。

太宗因为李昉德高望重，本不想对其深责，但又觉得张洎所说有理，于是便批示说，让李昉守本官，也就是既不升也不降，仍旧享受右仆射的待遇。此外，作为其好友，张洎在行文中，非但没替李昉把罢相的缘由轻描淡写，反而指责其“久壅化源，深辜物望”。《李昉罢相制》说：

燮和阴阳，辅相天地，秉至公而贞百度，熙庶绩而刑四方，此宰相之任也。苟或依违在位，启沃无闻。虽居廊庙之崇，莫著弥纶之效。宜敷诏旨，用罢鼎司。具官李昉夙仕昌辰，荐升华贯。朕嗣膺丕构，渴见老成。骤迁侍从之班，再荷盐梅之寄。所宜翊宣帝载，启迪皇猷。竭智虑以代天工，体诚明而操国柄。岁时屡换，绩用阙然。朝廷损益之彝章，宗社安危之大计。畴咨关决，属在庙堂。汝自处机衡，曾无规画。壅化源而斯久，孤物望以何深。朕纂服临民，虚心待理。倘黄枢要务，尚委于具臣；则苍昊景灵，惧贻于深谴。宜免公台之重，庶全进退之私。俾长中台，尚为优渥。

同时遭到罢免的贾黄中，在被任命为参知政事之前，曾长期担任知制诰、翰林学士等职，他很博学，“多知台阁故事，朝之典礼，资以损益”。也曾几度主持贡举，选拔了不少人才，“当时名士，皆出其门”。虽然“小心畏谨”的性格，不能不说是优点，但是担任参政之后，“执政循默，政事多稽留不决”，凡事瞻前顾后，不敢做决断，导致政务得不到及时处理。由此，朝野对他的印象开始变差。贾黄中担任参知政事，前后两年。

李沆同时被罢参知政事的原因，史籍中虽没有像李昉、贾黄中那样特别指出，但是，太宗那句“卿等盈车受俸，岂知野有饿殍乎”也是说给李沆听的，可以肯定，处置灾情不力是其遭到罢免的重要原因。

同日被罢免的，还有同知枢密院事温仲舒。之前温仲舒为营救张绅而污蔑吕蒙正，太宗虽一时被蒙蔽，但最终还是认清了事实。不知道温仲舒被罢，是不是与此有关。

在李昉、贾黄中、李沆、温仲舒等人被罢的当天，太宗以吏部尚书吕蒙正为平章事，翰林学士苏易简为给事中、参知政事，6 天之后，又任命赵昌言为参知政事。

一、焦劳的皇帝与缄默的臣下

上一届中书班子几乎被集体罢免了，理由是不能积极主动作为，但其实这种情况的出现，与太宗自己事必躬亲的作风有极大关系。早在淳化二年（991），张洎在上书中就曾指出这种倾向：

> 陛下自临大宝，十有五年，未尝一日不鸡鸣而起，听天下之政，虽刚健不息，故天德之常然，而游焉息焉，亦圣人之谟训。傥君父焦劳于上，臣子缄默于下，或不能陨身碎首引大体以争，则忠亮之心，有所不至矣。

“十有五年，未尝一日不鸡鸣而起，听天下之政”，张洎的话让我们知道太宗十五年如一日，坚持每天早起临朝听政，这一忙就忙到什么时候呢？淳化四年（993）十一月，谢泌专门上言，针对太宗常常因听政、决事忙到中午都来不及吃饭的情况，特别请求太宗每天要及时用餐。

> 上孜孜为治，每旦御长春殿受朝，听政罢，即御崇政殿决事，比至日中，尚未御食。己未，金部员外郎谢泌上言：“请自今前殿听政毕，且进食，然后御便殿决事。”上不答，既而谓宰相曰：“文王自朝至于日中昃，不遑暇食，此自有故事。然泌此奏亦臣子爱君之忠也。”又尝谓左

右曰:“寸阴可惜,苟终日为善,百年之内亦无几尔,可不勉乎!”

太宗每天从早晨忙到中午，连吃饭的时间都没有，就勤政这点来说，可谓不愧古人了。那么，太宗这样孜孜矻矻，事必躬亲，都在听取哪些汇报、处理些什么事情呢？从一件小事可见一斑。淳化四年（993），就在宰执班子更替之际，发生了一件令太宗忍俊不禁的事情：

> 京畿民牟晖击登闻鼓，诉家奴失豭豚一，诏令赐千钱偿其直，因语宰相曰：“似此细事悉诉于朕，亦为听决，大可笑也。然推此心以临天下，可以无冤民矣。”

开封郊区一位叫作牟晖的老百姓丢了一头小公猪，直接跑去告御状，太宗亲自接待并下令给予补偿。作为九五之尊的皇帝，连百姓这等琐事也过问，太宗自己也不禁觉得可笑，但是他并不认为自己做得有什么问题，反而对宰执们说：“以此心治理天下，可以让天下的老百姓不致蒙受冤屈了。”

当然，太宗勤政有好的一面，那就是能了解情况，不被蒙蔽。这是太宗自我评价远超前代帝王的一点。

> 上又曰：“唐末帝王，臣下少得见面，纵开延英，亦有中人在侧，何尝君臣言得一事！”赵昌言曰：“当日延英，苟逾数刻，史臣书之，以为美谈。今天下苟非陛下听断不倦，则封疆万里，岂能肃清！斯所谓一人有庆，兆民赖之也。”

太宗喜好躬亲国政，对于唐末帝王深居九重、闭目塞听的弊政，给予坚决否定。同时，他认为，能够躬亲国政也并非就万事大吉了，对于能够躬亲国政的后蜀统治者孟昶，太宗就颇不以为然。

淳化四年(993)闰十月的一天,太宗对刚上任不久的这班大臣们说:“我听说后蜀的孟昶在位的时候,对于国家政务,也是能够亲自处理的。但是对于刑罚的事，却错用其心，过于宽大，导致迁延不决。每当死刑犯临刑之时，都要派人去听犯人说些什么，若有说自己冤屈的，必要另派机构重新审核，以致有三五年仍然不能定案的。孟昶知道夏禹泣辜的故事，心里便打算仿效，却不明白古代圣贤那么做的原因。朕阅读前代典籍，都会深刻体会其中的道理。大禹只能行王道，用法律治理人民，而不能像尧、舜那样，用道德教化，让人民免于犯罪。所以看到有人因犯法而将被处死，大禹很伤心，下车而泣。犯罪的人，如果真的情理难容，朕绝不会宽贷。”参知政事苏易简、赵昌言附和说：“臣等都曾在江南做官，听说李煜统治南唐时也是如此。每到夏天，给狱中的罪犯装好纱帐来抵御蚊子，冬天则发放被子任他们安睡。以至于犯罪者众，处置久而不决，却还以为是在怜悯抚恤。对于那些犯死罪的人，要让术士点上灯来占卜一番，假若灯几天都不灭的，一定要另派机构重新审核，唯恐有人被冤枉。以至于冬天有罪犯贪恋监狱中的温暖，而不愿被放出来的。”太宗笑着说：“如此糊涂，怎么能不亡国啊。”

但问题是，当皇帝太过于事必躬亲，不能有效授权的时候，臣子们就只能袖手旁观，或者沦落为具体执行者的角色。太宗、吕蒙正君臣在淳化五年（994）五月的一次对话，就坐实了这一点。

太宗说：“朕虽然德行不及先王，但对于政务，却不敢怠惰。天下至广，需要处理的事情很多，迫切得像奔跑的骏马，朕坚持每天都听取报告，做出决定，还恐怕有些事照顾不到。而唐末的帝王，隐身在深宫内苑，民间疾苦，哪里能够知道呢！每每想到这里，都不禁感到警戒畏惧。”吕蒙正说：“中书、枢密院，权重事繁，向来是难处之地。唐末帝王，将政务都交给臣下办理，导致很多问题，那些主政大臣往往连家族都很难保全。现在陛下亲自处理国家纷繁的政务，臣下只是奉命执行，我曾经和同僚们说，实在是我们臣子的荣幸啊。”说到这儿，宰相吕蒙正再次向太宗行礼，三呼万岁，表达自己的崇敬之情。

矛盾的是，太宗一边如此乐此不疲地事必躬亲，一边却又希望吕蒙正那帮宰执们尽职，让他得以垂拱而治。淳化五年（994）四月，太宗对吕蒙正等说：“朕因为考虑到宰相所肩负的职任很重，所以想实行唐代的考课制度，以求爱卿等辅佐的成效。但又想到考第的设置，也不过是空言罢了。不如安抚四方，和谐阴阳，让方方面面的事情得到很好的处置，让帝王得以闲适自得，清静无为的要求实在，这才是宰相的职责啊。怎么能够处在这个位置上却不知道自己的职责呢！”

新组建的中书四人班子中，除了 58 岁的吕端，吕蒙正、赵昌言、苏易简都是在太宗朝从科场中脱颖而出，是所谓的“天子门生”。

苏易简，生于北宋开国前两年（958），梓州铜山人，《宋史》说他“少聪悟好学，风度奇秀，才思敏赡”。苏易简的父亲苏协是后蜀的进士，乾德三年（965），北宋兼并后蜀，苏易简随父亲归顺宋朝。此后苏协长期做地方官，洛阳也是苏协为官的地方之一。贾黄中曾经到洛阳公干，看到苏协身边年幼的苏易简，还曾教他撰写诗文。太平兴国五年（980），年仅 23 岁的苏易简参加科举考试，在太宗主持的殿试上，苏易简很快就按要求写好了 3000 多字的文章。太宗看后，非常欣赏，将其评定为那一榜的榜魁。

和之前的状元吕蒙正、胡旦一样，苏易简初授将作监丞，通判昇州。太平兴国八年（983），被任命为知制诰。雍熙三年（986），任翰林学士。而此时，当年教导自己写诗的贾黄中，恰巧也在翰林任学士，往年师生，如今成为同僚。

淳化二年（991），苏易简被任命为翰林学士承旨。太平兴国年间，李昉曾被授予此职，并由此职升为参政，再升为宰相。年轻的苏易简在担任此职两年后，也被晋升为参知政事。关于苏易简深受太宗赏识的情况，《长编》记述说：苏易简外表看起来坦率，实际上很有城府。由负责外制的知制诰晋升为负责内制的翰林学士，还不满 30 岁。他在翰林任职 8 年，皇帝给予的礼遇远远超出同僚，有时一天之内竟要三次召见。李沆比苏易简晚入学士院，按资历，排在苏易简之下，但却比苏易简先当上了参知政事。为了安抚苏易简，太宗任命其为翰林学士承旨，各种赏赐，均与参知政事相同。太宗本想等他慢慢有些名望，再根据旧时制度，直接任命为宰相。苏易简却有些等不及，他因为父母年老，急于进用。大概苏易简是个孝子，想让父母在有生之年看到自己出人头地吧。因此，每次在太宗召见他的时候，苏易简总要指出朝政还有哪些问题与不足。太宗因此也便在李沆等人被罢后，任命苏易简做参知政事。

宰执班子大换血的同时，枢密院也做出了人事调整。当这群新贵面圣谢恩之际，太宗对他们说了这样一番话：

> 黄中等以循默守位，故罢，适垂泪叙谢，朕亦为之凄然。昔周有乱臣十人，同心同德。人臣事主，可不念此以保终始。古人尚欲立功名于乱世，况盛世乎？卿等宜各勠力，以副超擢。

太宗说到上一届班子罢相的原因，是“循默守位”，说得不好听一点，就是尸位素餐，碌碌无为。太宗勉励这届班子说：“古人在乱世尚欲建功立业，何况当今盛世呢？各位要努力工作，不要辜负了朕对各位的期望啊。”

回顾一下自雍熙以来宰相的更替，就会发现一个很有意思的现象，先后出任宰相的人物是这样的：宋琪、李昉—赵普、吕蒙正—吕蒙正—李昉、张齐贤—吕蒙正，其中宋琪、李昉，年长而历经磨炼，是五代培育出来的精英，而吕蒙正、张齐贤，都是在宋朝成长起来的，严格说是太宗亲自拔擢起来的“新时代的新人”。在宰相的任用上，明显存在新老交替与新老并用现象。之前的老人们循默守位，本届的新人能否敢于作为呢？

二、不唯上的宰相

吕蒙正自吏部尚书守本官，同中书门下平章事，其拜相内制说：

昔者虞舜之时，优游于岩廊之上。周武王垂拱而天下理，此无他术，盖得人而委之以政也。因念万机之务，属在中枢。民具尔瞻，朕所注意。是用畴咨庶尹，对越上玄。敷求良材，付以兹任。具官吕蒙正，卷怀经济，蹈泳中和。而自践历华资，弼谐庶政。识谟明之大体，罄勤瘁之小心。出领天官，坐镇雅俗。炎凉载贸，望实弥优。方今百度将隆，兆民思泰。朕励精更始，昭德塞违。载询庙廊之吁谟，用建朝廷之经济。若涉大水，浩无津涯。爰资髦硕之贤，再践公台之位。秉国钧而建皇极，允人望而代天工。汝其荐药石之谠言，辅兹不逮；赞金玉之王度，致于无为。弼予一人，永底于道。

在负责草制的翰林学士笔下，“识谟明之大体，罄勤瘁之小心”，识大体、小心翼翼、勤勉尽职是吕蒙正的优点。虽然经历了两年投闲置散的生活，吕蒙正“识大体”的优点仍然突出。

吕蒙正第一次任相期间，知蔡州张绅因贪赃被处理，有人对太宗说张绅是冤枉的，是吕蒙正公报私仇。太宗当时不辨青红皂白，立即恢复了张绅的官职。这一举动显示出太宗对吕蒙正的信任是有限度的。但吕蒙正知道后，始终没有在太宗面前说起这事。吕蒙正罢相任吏部尚书期间，考课院发现了张绅贪污的确凿证据，这次张绅难逃法网，终于被处理了。吕蒙正二次拜相后，太宗主动向吕蒙正提起张绅贪污之事，意思显然是说，自己之前错怪了吕蒙正。皇帝把话说到这份儿，也相当于表示歉意了，可是吕蒙正面对太宗的委婉道歉，竟也宠辱不惊，没有像一些人在沉冤得雪时那样痛哭流涕，感恩戴德。

蒙正初为相时，金部员外郎张绅知蔡州，坐赃免，或言于上曰：“绅，洛中豪家，安肯受赇？乃蒙正未第时，丐索于绅，不能如意，文致其罪耳。”上即命复绅官。蒙正终不自辨，未几罢相，会考课院得绅旧事实状，乃黜之。于是，蒙正复为相，上谓曰："张绅果实犯赃。"蒙正亦不谢。

宋代君臣历来注重所谓"体统"，大臣们在皇帝面前争辩是非曲直，是一件很掉价的事。吕蒙正的表现，不禁让人想起太宗在吕蒙正初次罢相后说的那句评语："吕蒙正有大臣体"。

此外，这次吕蒙正为相，是独相，没有了赵普那样的元老重臣在其上，表现出了更多的担当。有两件事，他竟敢忤逆皇帝。

第一件事，是敢当面否定太宗口中的"大好形势"。淳化五年（994）正月上元节期间，有一天晚上太宗在端拱楼宴请大臣，看到外面车马众多，太宗欣慰地说："否极泰来，这真是一条颠扑不破的真理啊。五代之际，兵戈不息，城镇凋敝，人口稀少。周太祖郭威自邺城进攻开封，推翻后汉，建立后周，改朝换代之际，开封的百姓饱经磨难。城内火光冲天，天上星相异常，看到当时场面的人，都不禁恐惧战栗，说真是不会再有太平日子过了。朕即位以来，亲自处置方方面面的政务，凡事都大体上得到治理。每每感念上天的赐福，才能有今日的繁盛，由此可知天下的治与乱，还在于人啊。"在其乐融融的宴席之上，太宗这番触景生情的感叹，很自然，也是很中肯的。但是吕蒙正却离席而起，说了这样一番"不合时宜"的话，他说："开封是天子所在，百姓聚集，所以才如此繁盛。我曾经在距离京师没有几里远的地方，看到很多因为饥寒而死的人，未必处处都有开封这首善之区的景象啊。希望陛下看到眼下的繁荣，想到远方的凋零，那将是天下苍生的幸运啊。"太宗肯定是没料到有人敢如此对答，一时红着脸不说话。有一位叫王禹偁的官员，向来以忠直敢言闻名，当时也在座，听到吕蒙正的话，都恐惧得流汗。而吕蒙正从容地回到座位，毫无惧色。同僚们对吕蒙正的刚强正直，都很佩服。

第二件事，是在选人用人问题上，吕蒙正敢于坚持自己的意见，最终改变了太宗的想法。有一天，太宗想派人出使朔方与李继迁交涉，在和宰执见面的时候，让中书提出能够胜任的人选。吕蒙正退朝回来后，把某个人的名字呈上，但是太宗没有批准。过些日子，太宗又问起这事，吕蒙正仍旧推荐之前的那个人，太宗还是不同意。又过些日子，太宗第三次问起，言辞语气愈发急迫严厉，吕蒙正还是不肯换人。太宗生气地将吕蒙正亲手书写的奏章扔在地上，说："吕蒙正你怎么就这么固执呢，今天你必须给我换个人。"吕蒙正心平气和地回答说："不是臣下我太固执，是陛下您不了解情况啊。"吕蒙正坚称："这个人可以胜任，别的人赶不上他。臣下我不愿意无条件顺从陛下的意思，虽然取悦了陛下，却耽误了国家政事。"中书的参政们都心跳气喘，恐惧得不敢动，吕蒙正将记事备忘的笏板插在腰带上，俯身捡起奏章，不紧不慢地揣在胸前，退回原位。退朝后，太宗对身边的亲信说："吕蒙正的气量真大，我比不上他。"最终太宗同意了吕蒙正推荐的人选，这个人果真没让吕蒙正和太宗失望，出色地完成了任务。由此，太宗愈加知道吕蒙正能够识人任人，并且嘉许他有不可夺之志。

吕蒙正善于选人用人，这在很大程度上是因为他对选人用人高度重视，将其作为宰相履职的核心内容，并且在选人用人过程中，注重倾听众人的意见，不以自己的好恶作为标准。《五朝名臣言行录》记载有一段吕蒙正与儿子的谈话。吕蒙正曾经问自己的儿子："我做宰相，外面是怎么评价我的？"儿子回答说："父亲大人为相，四方无事，蛮夷归顺，很好。只是有人说不怎么能够做事，权力多被同僚所争夺。"吕蒙正说："我确实没什么才能，只有一个善于用人的本领罢了。这才是宰相的职责啊。"

据说，吕蒙正衣服口袋中总装着一个小册子，每当各地的官员任职结束来拜见他时，吕蒙正总要让这些官员推荐人才，客人走后马上记在册子上。记载时分门别类，假如某人被多个人称赞，那么这个人一定是贤良的人。朝廷需要用人的时候，便从口袋中的小册子里面挑选，所以吕蒙正做宰相的时候，文武百官都很称职。

清人褚人获在《坚瓠集》中记载了吕蒙正嗜吃鸡舌汤的故事。故事说，吕蒙正年轻时非常贫困，当上宰相之后，喜欢吃鸡舌汤，每天早上都要来一碗。有一天晚上到花园中游玩，吕蒙正远远地看到墙角有一块高地，还以为是假山之类，便问身边人："这是谁建的？"身边人回答说："这是相公您所杀鸡的羽毛堆积而成的。"吕蒙正惊讶地说："我能吃几只鸡啊，有这么多鸡毛？"手下人说："鸡只有一条舌头，相公吃一碗汤要用多少鸡舌头？吃鸡舌汤有多长时间了？"吕蒙正无言以对，深感后悔，此后便不再吃鸡舌汤了。吕蒙正贵为宰相，在生活上讲究一些，也无可厚非，但他能够在意识到自己嗜好的高昂成本后，主动改正，说明他在私德方面，也是可圈可点的。

三、内忧外患的两年

吕蒙正二次入相的时间，是从淳化四年（993）十月到至道元年（995）四月，任期不到两年。这段日子，天下并不太平，内忧外患接踵而来。四川的王小波、李顺起义愈演愈烈；西北的李继迁侵扰边境；太宗第三子元侃在这期间被任命为开封府尹、封寿王，确立了准皇储地位，并顺利地在至道元年（995）八月，也即吕蒙正罢相四个月之后，被立为皇太子。

1. 平息王小波、李顺起义

淳化四年（993）爆发的王小波、李顺起义，在淳化五年（994）正月发展到高潮，"李顺入据成都，僭号大蜀王，改元曰应运，遣兵四出侵掠，北抵剑关，南距巫峡，郡邑皆被其害焉"。

二月初一，太宗听说成都失陷的消息，召见宰相吕蒙正，对他说：

> 岂料贼势猖炽如此，万方有罪，罪在朕躬，忍令陇、蜀之

民陷于涂炭！去年以来，连雨数月，此亦兵气之应，朕当部分军马，旦夕讨平之。

除了之前在正月已经派出讨伐的宦官王继恩部，太宗又加派雷有终等人赴川支援。五月，王继恩部先后攻克绵州、阆州、成都。攻取成都时，“破贼十万余，斩首三万”，起义军首领李顺等被活捉。

起义军的势头虽然遭到重创，但是分散各地的力量仍然存在，天府之国并未重获太平。正令太宗焦虑之际，赵昌言的一番话，改变了他的命运。

王小波、李顺起义刚刚爆发的时候，朝廷经过商议，打算派遣一名大臣赴四川进行安抚，时任参知政事的赵昌言的意见却与众不同，他请求发兵剿灭，不要让起义发展蔓延。应该何去何从，朝堂上议论纷纷，久而不决。起义军接连攻陷邛、蜀等州后，太宗才下了武装镇压的决心，派遣宦官王继恩等分路讨伐。王继恩手握重兵，从起义军手中夺回成都后，便留在那里，不思进取，只知聚会欢饮。每次外出与返回时，都要演奏音乐，还让骑兵带着棋盘跟随。其声势之大，川内郡县为之震动。王继恩不但纵容手下的奴仆恣意横行，还听任属下将士掠夺美女财物，消极抗敌。军粮运输不及时不充足，士兵们没有斗志。李顺虽被活捉，但仍有大量残余起义军躲藏在山里面，有些州县又被起义军攻陷。太宗多次派遣使者督战，战事却旷日持久，太宗感到很厌烦。

恰巧这时赵昌言被太宗委派主持太庙祭祀，在祭祀前一日，赵昌言在中书省斋戒独宿。太宗趁机在滋福殿召见了他，对他说：“四川本来是一个独立政权，太祖将其平定，至今已经三十年了。”言语间流露出舍弃四川的念头。赵昌言听出了太宗的沮丧，安慰太宗说：“国家兵强马壮，攻无不克，战无不胜，这些草寇，不足让您忧虑。”接着便在太宗面前提出攻打的策略。赵昌言对于军事向来热心，之前雍熙北伐的时候，他任御史中丞，因为“多言边事”，被改任为枢密副使。后来因为与胡旦等人结党被罢免，先后出知蔡州、天雄军。赵昌言既热心军事，又有相关任职经历，他的这番高论，让太宗非常高兴。淳化五年（994）八月，太宗任命赵昌言为川、陕两路都部署，成为处理四川事变的前线总指挥，之前派出的王继恩等将领均受其管辖。赵昌言大概没有想到太宗会派自己去四川，恳切地辞让，然而太宗还是坚持让他前往，不但给予他丰厚的赏赐，还写了几封手书给他，亲自交代策略。

赵昌言“临事果断，无所顾避”，在知天雄军期间，为保护河堤，对当地豪民和禁军士兵采取铁腕手段，取得立竿见影之效。如果赵昌言真的能够以参知政事的身份到达四川前线，出色完成对起义军的围剿并不是没有可能。但是赵昌言根本就没得到一展身手的机会。

先是有一位叫作茂贞的峨眉山僧人，以方术得到太宗的宠幸，曾对太宗说：“赵昌言这个人‘鼻折山根’，是将会反叛的相貌，不能将四川的事情交给他办。”太宗对于这位和尚的话，大概是将信将疑。赵昌言出发十多天之后，又有人跟太宗说：“赵昌言向来名望很高，却没有子嗣，有割据巴蜀自立的可能，现在握兵入蜀，将来恐怕难以对付。”太宗于是忽然又改变了主意，把宰相吕蒙正等人叫来，对他们说：“前些日子派遣赵昌言到四川去，朕反复考虑，觉得还是不妥。扰乱四川的只是一些蠡贼小丑，而赵昌言是国家的大臣，不可轻举妄动，就让他留驻在凤翔，作为诸路讨伐大军的声援。只派遣宦官卫绍钦拿着朕的手诏前往指挥军事，也可以达到目的了。”

赵昌言从开封出发，走到凤州的时候，传递太宗命令的人刚好追上他，赵昌言就这样莫名其妙地被留在了凤翔。起义军被绞杀后，至道元年（995）正月，太宗免去其参知政事一职，令其知凤翔府。赵昌言此后又辗转多处为官，至真宗即位后的咸平三年（1000），才与吕蒙正、寇准等人同被召回朝廷任职。

九月，当赵昌言被留在凤州的时候，四川的起义已经逐渐被镇压下去。太宗让翰林学士钱若水起草《罪己诏》，钱若水写好之后，呈给太宗，太宗笑着对钱若水说：“朕为爱卿润色一下，可以吗？”钱若水当然只能磕头谢恩。太宗于是亲自动手修改了几个字，据说，主要是将导致民变的责任归咎于自己。太宗的修改，获得了时人“尤为精当”的评价。

诏辞略曰：“朕委任非当，烛理不明，致彼亲民之官，不以惠和为政，筦榷之吏，唯用刻削为功，挠我蒸民，起为狂寇。”又曰：“念兹失德，是务责躬。改为更张，永鉴前弊，而今而后，庶或警余。”

这份诏书，将四川民变的责任，归结为皇帝的“委任非当，烛理不明”，即任命了一批不称职的地方官，且没有及时发现他们的不称职。认错态度还算诚恳。“挠我蒸民，起为狂寇”，道出了“官逼民反”的事实。“改为更张，永鉴前弊”，表达了太宗知错就改，永不再犯的决心。

太宗第五子元杰之前被封为益王，益州是四川的古称。现在元杰名义上的封地发生了动乱，于是在淳化五年（994）二月，改封元杰为吴王，任命之际，发生了对职务名称的争论。

时任翰林学士的张洎负责起草内制，认为按之前的惯例，在制书中写“兼大都督府长史”不妥。张洎说：“查验前代的历史，皇子封王，封郡就如同一个国家，设置傅、相、内史等官员，协助王治理。如果王不到封地去，朝廷就委任大臣去治理，称为‘内史行郡事’。唐代在扬、益、潞、幽、荆五郡建立大都督府，设置的长史、司马等大都督属官，即是在行使内史的职责。而大都督的名号，只授给亲王。如果亲王只是名义上管理，并不真的到封地去，而别命大臣去治理，都是以长史、副大使的名义代理。如今吴王实际上就是担任大都督，而名义上又加上长史的职务，是自己做自己的部下属官，名分不正，请求将此事交给中书商议。”

但是宰相吕蒙正认为，之前其他皇子封王，都是那样写，即便文字有不妥，此时改正的话，会让人感觉吴王的名分在其他皇子之上，产生的政治不利影响更大。不得不说，宰相吕蒙正考虑问题的角度，还是要较张洎全面些。作为制书的起草者，张洎考虑的是文字的是与非，而政治家考虑问题，除了是非，还要兼顾后果与影响。因此吕蒙正的意见得到了太宗的支持，太宗说："之前已经弄错了，等将来再有拜官授职的时候，再一起改正吧。"

2. 平定李继迁部

内忧已经如此，外患也接踵而至，就在吕蒙正此次任相期间，西夏李继迁部对北宋边境进行了持续的侵扰。

端拱元年（988）五月，太宗采纳宰相赵普的建议，以李继捧为定难节度使，赐姓名赵保忠，镇夏州，以招降李继迁，但这个计划并没有成功。虽然李继捧几次报告说李继迁表示臣服，宋廷还先后任命其为银州刺史、银州观察使，但实际上要么是李继捧"以示己功，诳君固位"的假报告，要么是李继迁在宋廷大兵压境之时的缓兵之计。到淳化二年（991）十一月，在李继迁的劝说与带动下，李继捧竟然"遣使表附契丹"，接受契丹西平王的封号。北宋君臣被蒙在鼓里，"未悉其奸"，不但在淳化三年（992）答应了李继迁在陕西互市，开放边境贸易的请求，甚至将李继捧兄弟沆瀣一气导致的和平局面视作李继捧治理有方的明证与功劳，"谓银夏安静，优其俸给，岁终赐予并加等"。

淳化四年（993），在宋朝的绥靖政策下已经占据了绥、银两州的李继迁，遣使到开封，向太宗请求治理宥、夏等州，太宗没有答应。李继迁盛怒，于四月派手下李大信率众侵犯庆州。自李继迁表示归顺之后，庆州就疏于守备，这时候李大信领兵突然到来，庆州人心惶惶。幸亏知州刘文质在危难之际，仗义疏财，鼓舞士兵斗志，才抵御住了李大信的进攻。八月，李继迁又亲率兵入陕西，围牛栏寨，与团练使石保普相持数日，看到无机可乘，才悻悻而归。

李继迁的反复骚扰，让太宗颇为震怒。鉴于“西羌部落种艺殊少，惟用池盐与边民交易谷麦”的现状，陕西转运副使郑文宝提出以经济封锁的手段，来达到遏制李继迁的目的。他说：“银、夏之北，千里不毛，但以贩青白盐为命尔。请禁之，许商人贩安邑、解县两池盐于陕西以济民食。官获其利，而戎益困，继迁可不战而屈。”西夏地区盛产池盐，然而自然条件恶劣，难以耕种，当地人民需要用池盐来与北宋边民交换粮食，经济结构单一而脆弱。现在郑文宝请求禁止西夏地区的青白盐进入北宋境内，同时，为满足陕西边境地区人民对盐的需求，允许商人从山西运城境内的安邑、解县贩运盐到陕西售卖。由于北宋实行盐专卖制度，官方控制盐的销售，禁止西夏盐的进口，不但可以破坏西夏的经济，还可以增加北宋政府的财政收入。

郑文宝的这个建议颇有道理，但他忽略了一个事实，那就是古往今来，从效率上来说，官办商业总敌不过民营经济。这项政策实施后，产生了“杀敌一千，自损八百”的效果。党项人固然缺少粮食，而陕西民众也开始缺少食盐。这有两个原因：一是山西出产的盐没有西夏的品质好且价格偏贵；二是商人贩运盐到陕西售卖获利少，远不如南下河南、湖北等地售卖的利润高。

经济问题引发了政治动荡。这项政策施行不过数月，“西人大困”，宋夏沿边之前已经归顺了北宋的“熟户”，因为无法生存，纷纷投向李继迁的怀抱。李继迁采取报复措施，他与四十二族的首领在杨家堡会盟，率领一万三千人寇掠环州。面对如此纷扰的局面，太宗派知制诰钱若水前往调查，最终取消了对西夏食盐入境的限制。

但是，李继迁的侵扰却并没有因此而停止。淳化五年（994）正月，李继迁打算将绥州居民集体迁往平夏，绥州民众并不乐意。世代在绥州居住、身为当地驻军牙将（中下级军官）的高文岯因应“众不乐”的形势，联合一些部落首领，发动武装反抗，打败了李继迁部。高文岯向太宗请降，太宗授予其绥州团练使，绥州在名义上又回到了北宋的怀抱。李继迁离开绥州后，“复围堡砦，掠居民，焚积聚”，接到灵州及清远军的这些报告后，太宗生气地说：

保吉叛涣砂碛中十年矣，朝廷始务含容，赐以国姓，授以观察使，赐予加等，俸入优厚，仍通其关市，又以绥、宥州委其弟兄，可谓恩宠俱隆矣。乃敢如是，朕今决意讨之。

就在正月，太宗“命马步军都指挥使李继隆为河西兵马都部署，尚食使尹继伦为都监”，出兵讨伐。

三月，李继隆的部队将要抵达之际，李继捧、李继迁兄弟却先发生了火并。李继捧逃过了兄弟的暗算，只身返回夏州，却被属下将领赵光嗣囚禁起来。赵光嗣开门迎接李继隆的队伍，李继隆将李继捧押送到开封。李继迁见大军到来，三十六计走为上计，“弃银州，走漠中”。

四月，太宗认为夏州远在沙漠，原本就是少数民族首领占据的地方，近来又成为李继迁侵扰中原的桥头堡，想将夏州城毁掉，将其居民迁徙到绥州、银州等地，以免资敌。太宗将此事与宰相吕蒙正商量，吕蒙正完全同意太宗的意见，他说：

昔赫连勃勃，后魏道武末，僭称大夏天王。自云徽赫与天连，又号其支庶为“铁伐氏”，云刚锐如铁，可以伐人。蒸土筑城，号曰“统万”，言其统领众多也。自赫连筑城以来，颇与关右为患，若遂废毁，万世之利也。

君臣意见高度统一，太宗便下令毁城徙民。为让移民能够维持生计，太宗还命令将属于官府的土地分给他们，让当地官吏关心他们的生产生活。银、夏等州境内原本依附李继迁的“生户”八千帐族，见李继迁大势已去，纷纷向北宋表示归顺。

那位朝三暮四的李继捧被送到开封后，太宗当面“诘责数四”，对他的不满溢于言表，但最终并没有杀他，而是“补右千牛卫上将军，封宥罪侯，使之就第”。与宋太祖对待亡国之君李煜，颇为类似。

此后一年多的时间里，李继迁数次遣使入贡，与北宋保持了相对和平的局面。直到至道元年（995）七月，李继迁攻清远军，被北宋守将张廷击败，拉开了宋夏第一次灵州之战的序幕。

3. 任命元侃

淳化五年（994）九月，在太宗次子元僖去世近两年后，太宗第三子元侃被任命为开封府尹，由襄王改封寿王，确立了准皇储地位。这件事，与寇准有莫大关系。

太平兴国四年（979），太宗在高梁河一战中败北，狼狈南逃。“股上中两箭，岁岁必发，其弃天下，竟以箭疮发云。”到淳化五年（994）九月，太宗腿上的旧伤又恶化了，他将寇准从知青州任上召还。君臣一见面，太宗主动揭开衣服，给寇准看腿上的伤口，不无抱怨地说：“卿来何缓！”言外之意是，朕已经病成这样，指望爱卿来商议大事，你应该早点到啊。寇准回答说：“作为臣子，除非得到您的命令，否则不能擅自离开职守来到京师。”我们虽然知道当时君臣对话的内容，却没办法透过史籍听到他们的语气。寇准的回答，是塞责？是埋怨？是无奈？或许兼而有之吧。太宗没有再纠缠于这个话题，而是单刀直入地问：“朕的儿子们，哪个将来可以继承皇位？”面对如此重大而敏感的问题，寇准并没有给出直接的回答，他先是说出了两个“不可”，他说：“选择储君这件事，不可与后宫妃嫔与宦官们商量，也不可与朝廷大臣们商量。”那应该怎么办呢？寇准给出的答案是：“请陛下您选择符合天下人期望的人。”

寇准的意思是说，太宗如果和别人商量继承人问题，这事本身就说明了太宗自己的犹豫不决。不管是后宫嫔妃、宦官，还是朝廷大臣，他们看到太宗的迟疑，便会觉得自己有影响决策的可能，给出的意见都不免从自身的利益考量，只会众说纷纭，让太宗更加莫衷一是。太宗应该采取的做法，是根据大多数人的期望，直接做出决断。

太宗低头想了很久，让左右的人都退下，单独问寇准说："元侃可乎？"寇准的意思，其实在上面的话中已经说得很清楚了，直接选择当时大多数士大夫与百姓认为应该继位的那个人，就行了。寇准不能说得再具体了，因为一旦回答行或不行，那就是"谋及近臣"，这是刚刚被他否定过的办法。所以他回答说："非臣所知也。"

寇准的话给了太宗做决策的勇气与自信，这次谈话后不久，太宗便任命元侃为开封府尹，成为准皇储。寇准也因为这次谈话，再次得到了太宗的欣赏，元侃任开封府尹三天之后，寇准被任命为参知政事。任命下达之际，太宗特意对宰相吕蒙正说："寇准临事明敏，今再擢用，想益尽心。朕尝谕之以协心同德，事皆从长而行，则上下鲜不济矣。"太宗对于寇准"不惟上，只惟真"的脾性是非常清楚的，所以谆谆告诫他要"协心同德，事皆从长"。太宗当然在期望，经过外出知青州的历练，寇准能够成熟起来。

四、以黄老之道行清静之治

著名历史学家漆侠先生指出，高梁河之战和雍熙北伐两次失利，使得宋丧失了战略进攻的主动权，陷入消极防御、被动挨打的局面。高梁河之战以来形成的"守内虚外"的趋势得到进一步加强。此外，兵燹之后，民生凋敝，也确实需要相当时期的休养生息。因此，在太宗执政晚期，不论是在对外关系上还是在内政上，不论是在君臣谈论中还是在治国实践中，都存在着推行黄老之术以行清静之治的迹象。这方面，太宗与吕蒙正君臣有很多共鸣，在吕蒙正二次任相的近两年时间里，两人对话时也屡屡涉及。

（淳化四年闰十月）丙午，上曰：“清静致治，黄、老之深旨也。夫万务自有为以至于无为，无为之道，朕当力行之。至如汲黯卧治淮阳，宓子贱弹琴治单父，此皆行黄、老之道也。”参知政事吕端等对曰：“国家若行黄、老之道，以致升平，其效甚速。”宰臣吕蒙正曰：“老子称‘治大国若烹小鲜’。夫鱼挠之则溃，民挠之则乱，今之上封事议制置者甚多，陛下渐行清静之化以镇之。”上曰：“朕不欲塞人言。狂夫言之，贤者择之，古之道也。”

太宗对“清静致治”极为推崇，举出汲黯、宓子贱的例子作为明证，表示要身体力行。参知政事吕端非常赞同，认为是达至升平的捷径。而宰相吕蒙正更进一步，从理念转到实践，希望太宗对于那些主张改革更张的建言献策，不要给予支持。这点上，不知是太宗比吕蒙正开明，还是事必躬亲、生怕臣下蒙蔽自己的性格起了作用，总之，表示“狂夫言之，贤者择之”，对于臣下上言，并没有一概而论。

为了抑制当时官场的奔竞之风，淳化五年（994）八月，太宗特别下诏，禁止中外臣僚动辄就献诗献文自荐的行为。诏书说：

昔汉武之时，上书阙下衒鬻者以百数，故枚皋徒以作赋，遂拜为郎；东方朔敢肆大言，亦得待诏。朕甚不取也。盖自衒自媒者，士女之丑行；难进易退者，贤达之令猷。适足长躁竞之风，何以取敦朴之士？

诏书中虽将臣僚投书自荐的行为视作“躁竞”的“丑行”，但又特别强调，并不禁止臣僚议政，“指陈时政阙失、民间利害及直言极谏书，即许通进”。将自荐与建言献策区分开来对待。另外，那些受到众人称赞、确有“宏才奥学”的人，可将其作品投送给中书，由宰相评定优劣之后，报告皇帝。

清静无为，是对内治国的方针，也是对外关系的方针。淳化四年（993）十一月，太宗曾与吕蒙正等人谈起对外战争问题。太宗对身边的大臣们说："朕自即位以来，屡次派出军队讨伐，都是为了救民于水火，若朕喜欢炫耀武力，追求威风，那天下的老百姓，早就所剩无几了。"吕蒙正回答说："之前隋唐两代，都有过征伐辽东高丽的战争，老百姓疲于奔命不堪忍受。隋炀帝全军覆没，唐太宗亲自带领群臣运土填塞辽东城的护城河，身先士卒，最终还是没能成功。"太宗说："隋炀帝昏庸，不值一提。唐太宗作为明君，为什么也这样失策呢！治理国家，重要的是修养德行，外族应该置之度外。太平兴国四年（979），朕在收复北汉之后，又率兵北上，攻打幽州。当时年少气锐，过桑干河时，都不愿意走桥梁，而是从水中绝流而过。去的时候一马当先，回的时候又走在最后面。现在静下来想一想，这也可作为警戒。"吕蒙正说："战争伤害人命消耗财富，不能屡次发动。汉武帝及唐太宗都是英明的君主，却都因为发动战争而不免于悔恨，也为后世所讥笑。陛下您在还没有悔恨的时候，便早早明白了其中的道理，比起汉武唐宗，岂不是强出太多了。"太宗说："朕之前每次起兵，都是不得已。古人说天子兴师，就如同大旱之际的及时雨一样，大概也是这个意思吧。如今边境安宁，只应该修养德行，安抚边远的人。这便是'清静致治'的方法了。"吕蒙正说："古代以简单易行的方法来治国的，都能享国长久。陛下崇尚清静，实在是国家莫大的福气啊。"

在对内对外大政方针上如此，在对待"小人为奸"上也是如此。对于办事人员为自己谋利的小手段，太宗与吕蒙正君臣皆表示，只要不过分，不可过于追究，而应"以大度容之"。这点上，可谓是在提倡"小事糊涂"，由此也不难理解，太宗为何对"小事糊涂，大事不糊涂"的吕端分外欣赏了。淳化五年（994）二月，君臣间有这样一次对话：

太宗对吕蒙正说："小人侥幸进身的途径就像老鼠洞一样，不能都堵上。这里堵上了，他又在别处盗挖，根本堵不完。只要将其中过分的堵上，就可以了。近来政府组织成批运送大宗货物时，船夫水手都捎带着贩运一点私货，只要不妨碍公家，就不要过问，但是也要保证公家货物抵达京师时没有缺损。”吕蒙正说：“水至清则无鱼，人至察则无徒。小人的弊病，君子怎么会不知道？只不过以大度涵容之，让众多的事情都能办成罢了。”吕蒙正还提到了曹参“以狱市为寄”的例子。西汉丞相萧何病故后，朝廷任命当时的齐国相曹参入京继任丞相。出发之前，曹参嘱咐要接替他出任齐国相的人说：“要重视齐国的监狱和市场，千万不要扰乱那里的秩序。”继任者很不解地问：“治理国家难道没有比这更重要的事情了吗？”曹参回答说：“不是的。监狱和市场，是君子小人并容的地方，那里的秩序乱了，奸人们便没有了容身之所，只剩作乱一途。所以我将这事放在最重要的位置。”吕蒙正说：“从前曹参以狱市为寄，正是怕奸人无所容身啊。陛下的话，深合黄、老之道。”

对于清静无为，太宗不仅身体力行，而且还将此经验传授给刚刚就任开封府尹的元侃，也就是后来的真宗。淳化五年（994）九月，太宗对元侃说：“政治与教化的措施，关键在于得人心而不搅扰。要得人心，最好的办法是显示出诚信；欲不搅扰，最好的办法是为政清静。按照这个思路做，就是凶恶残暴的老虎和犀牛也能变得驯顺，何况是人呢！《尚书》里面说‘抚我则后，虐我则仇’，这话确实可信啊，你要引为教训，加以警惕啊！”

五、选人用人之难

对长治久安的期待，让太宗注重从前代特别是五代的乱离中汲取教训，君臣间有不少此类的谈话。淳化四年（993）十二月，太宗与吕蒙正谈起君王德行的问题。

太宗说："周太祖郭威为人，喜欢用权谋诈术，以官府小吏的品行，来谋取帝王之位，怎么能够享国长久呢！像史（弘）肇出身于行伍之中，专以杀害为能事，长期为非作歹。郭威领兵外出赴大名，对史（弘）肇说，兄处于内，我处于外，则朝廷可以安如泰山了。朝廷的秘密计议，史（弘）肇一一记录下来向郭威通报。通过这样的手段来觊觎后汉的政权，郭威可谓奸雄。"吕蒙正说："从前陈平辅佐汉室，功劳虽高，却因为多用阴谋，自己也感到懊悔。隋文帝暗中让人贿赂官吏，官吏如敢接受，则揭露其罪行，可知其居心阴忍，不能够福佑后代。陈平的侯位传了几代之后，便断绝了。隋朝也很快在杨广的手里面覆亡了。"太宗很赞同吕蒙正的话。

不搞阴谋诡计，与其说是太宗的自我要求，毋宁说是太宗对臣下的要求。宰相负有"进退百官"的职责，吕蒙正二次拜相伊始，太宗就与其谈起选人用人应当"德行为先"的问题。

> （淳化四年十月）翰林学士张洎知吏部选事，尝引对选人，上顾之，谓近臣曰："张洎富有词藻，至今尚苦心读书，江东士人中首出也。然搢绅当以德行为先，苟空恃文学，亦无所取。"吕蒙正曰："裴行俭不取杨、王、卢、骆，正为其无德行尔。德行为先，诚如圣谕。"

张洎是南唐的降臣，"少有俊才，博通坟典"，曾深受李煜宠爱，"参预机密，恩宠第一"。归宋后，拜太子中允。太宗即位后，先后"判尚书省刑部事"，选直舍人院，出使高丽，知相州、贝州，知译经院，同知京朝官考课，判大理寺，充史馆修撰、判集贤院事等。以文采清丽，巧于逢迎，甚得太宗宠爱，但《宋史》说他"尤险诐，好攻人之短"，太宗也听说他"在江左日多谗毁良善"。吕蒙正二次拜相之际，张洎判吏部铨，即负责幕职州县官（选人）的功过磨勘与差遣注授。一天，太宗召见通过磨勘等待改官的选人们，"亲与之语，以观其能"。张洎因职责所系，也出席了活动。太宗触目生情，事后对大臣们说："张洎文学出众，至今仍苦心读书，颇值得赞许，可谓是南唐士人中的翘楚。但是士大夫当以德行为先，只是空有文学才华，也不可取。"这其实就涉及太宗心目中选人用人的标准了。吕蒙正附和太宗的意见说："唐代裴行俭任吏部侍郎时，并不看好'以文章见称'的杨炯、王勃、卢照邻、骆宾王等人，正是因为他们的德行不够。德行为先，陛下您说得太对了。"

但是，"试玉要烧三日满，辨材须待七年期"，选人用人之难，并不是有了"以德为先"的标准就可以迎刃而解的。正是这位张洎，被太宗作为"空恃文学，亦无所取"的代表，然而不过两年，太宗就改变了对他的印象，将这位南唐降臣提拔为参知政事。

作为降臣而能被提拔为参知政事，在宋初可谓绝无仅有。张洎能够获此殊荣，有两方面的原因。一是其自身的才华与巧于逢迎的性格获得了太宗好感。例如，淳化五年（994）的元旦，太宗以《元旦》《除夕》为题，各写了两首诗，并赐给近臣，让他们和诗。张洎别出心裁，写了几千字的读后感，阐发诗中的微言大义，并将其献给太宗。结果，"上甚悦，命宰相召至中书奖谕"。

二是寇准的极力推荐与尹熙古为张洎辩白。端拱二年（989），寇准曾判吏部东铨，时年 56 岁的张洎为吏部考功郎中，是寇准的下属。当时寇准才 29 岁，新进气锐，希望那些年长的士大夫能够依附自己。张洎日夜在办公室里面工作，每到上下班的时间，张洎都要穿戴整齐，在门口恭候上司寇准出入，拱手行礼之后便退下，也不和寇准说什么。由此，寇准觉得张洎这个人既本分又尽职，便忍不住主动与他交谈。张洎应对敏捷，善于提出主张，并且每每能让寇准衷心信服。寇准于是把张洎当作兄长，竭尽口舌向太宗推荐。太宗其实也想起用张洎，但他又了解到，张洎当年在南唐为官时，经常进谗言诋毁善良的人，还曾参与李煜诛杀大臣潘佑一事，便又犹豫不决。时任翰林待诏的尹熙古也是南唐降臣，张洎曾经善待过他。有一天晚上，太宗召尹熙古侍奉读书，太宗貌似无意地问起当年潘佑为什么会被李煜所杀。尹熙古回答说：“李煜怨恨潘佑谏诤时话说得太率直，并不是张洎算计他。”因为尹熙古的这一席话，张洎“谗毁良善”的名声在太宗心目中得到了洗刷，而寇准又多次不停地推荐张洎，于是在至道元年（995）四月吕蒙正二次罢相的当日，任命张洎为参知政事。张洎当上参政后，对待同为参政的寇准愈加恭敬，凡事不参与，都让寇准说了算，专心修时政记，用好听的语言阿谀奉承寇准。

太宗自己看人用人，尚且难免前后不一，更遑论负有“进退百官”职责的宰相了。虽然之前在选择出使人员时，吕蒙正能够慧眼识珠，但职事既广，就势难十全十美，令太宗完全满意。先后发生的几件事，让太宗对吕蒙正的不满逐渐加深，成为吕蒙正被二次罢相的重要原因。

> （淳化五年三月）以大理评事陈舜封为殿直。舜封父善奏声，隶教坊为伶官，坐事黥面流海岛。舜封举进士及第，任望江主簿，转运使言其通法律，宰相以补廷尉属。因奏事，言辞颇捷给，举止类倡优，上问谁之子，舜封自言其父，上曰：“此真杂类，岂得任清望官！盖宰相不为国家澄汰流品之所致也。”遂命改秩。

陈舜封进士及第，又得到转运使的推荐，按例补官，对于看重规则的中书来说，本是极自然之事。但是因为其父曾为“教坊伶官”，其本人“举止类倡优”，大概有些举止张扬之处，就被认为是“杂类”，不应任大理评事这类的“清望官”，而特命由文臣京朝官迁转官阶中的大理评事改为武官阶中小使臣序列的殿直。这其实不免有些苛责宰相了。职位除授，除了规则，当然还要考虑诸多因素，但是哪些因素足以打破规则，不免言人人殊。太宗可以“乾纲独断”，打破规则，但是行政部门往往倾向于检讨惯例，循规蹈矩，这不可避免地成为矛盾的起源。

5个月之后，淳化五年（994）八月，太宗与宰相吕蒙正又因为任官问题起了冲突。宦官王继恩，因平定王小波、李顺起义有功，中书建议授予宣徽使一职，但太宗为避免重演唐代宦官之祸，从防微杜渐的角度考虑，认为不可。他说："朕读前代书史多矣，不欲令宦官干预政事。宣徽使，执政之渐也。止可授以他官。"宣徽使品位在枢密使之下，枢密副使之上，再升迁，就是执政。从避免宦官干政的角度考虑，太宗似乎没错，但吕蒙正恳切地请求说："王继恩功劳大，非宣徽使不足为奖赏。"从现有升迁序列考虑，非此职不足以劝有功。吕蒙正的建议貌似也很有道理。太宗很生气，严厉责备吕蒙正等人。最终太宗再一次打破既有规则，命令翰林学士张洎、钱若水临时在内侍迁转官阶中增设了一个宣政使（正六品）的级别，排在王继恩现任的昭宣使（正六品）之上，并将这个新设的宣政使授予王继恩。

上述个别人的除授不当，已经引发了太宗的不满。这年十一月，又出现了"多士满朝"，选拔特定人才时却"了不可得"的尴尬局面。这天，天降大雪，"瑞雪兆丰年"，大臣们便来向太宗祝贺。太宗趁这个时机说："朝堂之上，人才济济，朕拿在朝职官的名册来看，朝官密密麻麻，人数很多。近日，想在其中寻求一位才干可以担任转运使、三司判官的，却了不可得。这样的'多'，又有什么用呢？"吕蒙正听到太宗的抱怨，连忙做检讨，他说："我们宰执的职责在发现人才，统管各类职务，现在竟然让陛下您孜孜劳于求贤，这是臣等的罪过啊。"太宗安慰吕蒙正说："人心各不相同，就像面貌有差异一样，爱卿们怎么能够都知道呢。朕常说，求贤的关键，莫过于责成举主，也就是让推荐者对被推荐者负责。"于是太宗命令，自宰相吕蒙正以下，知制诰以上的朝官，每人推荐一名有才能有学识又可以任职理事的人。吕蒙正说："臣作为宰相，可以进退百官，现在只单独推荐一两个人，让天下人觉得我不够宽宏。"太宗说："前代应该也有宰相推荐官员的事情，可让史官查核。"不久，相关工作人员将查找到的历代宰相推荐官员的事例交给太宗，太宗再次召来吕蒙正，对他说：“春秋时楚国的令尹虞丘子，举荐过孙叔敖。唐代的宰相崔祐甫，不到一年的时间内，就选拔了近八百名官员。狄仁杰曾举荐过他的儿子狄光嗣。怎么能说宰相不能举荐个别人呢？”太宗还把《史记·滑稽列传》中优孟规劝楚庄王善待孙叔敖后人的故事抄写下来，赐给吕蒙正，意思大概是说，古代的优伶，还知道向君王推荐人才，各位国之重臣，更应该为朕求贤啊。吕蒙正等人退朝后，都按照太宗的要求举荐了人才。

经此种种，太宗不禁对宰相负责的人事工作颇感失望。就在十一月天降大雪的前一天，太宗赴国子监听直讲孙奭讲《尚书·说命》三篇，当讲到“事不师古，以克永世，匪说攸闻”时，太宗不禁感叹：“这话说得太对了。”并且，太宗为了“切励辅臣”，竟然发出了“天以良弼赉商，朕独不得耶”的感叹，这话其实已经说得很重了：古代的殷商能有杰出的宰相，我大宋怎么就没有呢？吕蒙正等人的罢职，已经隐隐可见了。

六、宰执的退场与登场

除了吕蒙正恩宠日衰，参知政事苏易简也觉得日子不好过，甚至开始后悔担任这个职务了。之前担任翰林学士、翰林学士承旨的 8 年中，太宗像对待宾客与友人那样对待苏易简。待他当上参知政事之后，太宗对待他的态度就变了，不再有之前的和颜悦色，每次见面，“但严颜色责吏事而已”，都是严肃地督促政务。苏易简做参知政事期间最大的功绩，可能要算是“数振举翰林中故事”，也就是恢复前代对翰林学士的一些礼遇，借以进一步提高翰林学士的地位。比如，从前命将帅出征，返师后，皇帝要在便殿赐宴，值班的翰林学士、文明殿、枢密直学士都要陪宴。太祖开宝年间，梁迥为阁门使，对太祖说："陛下赐宴犒劳将帅，这些人掺和什么？"太祖从此就不让这些学士们参与了。苏易简任参知政事之后，请求恢复学士们陪宴的资格，得到了太宗的批准。苏易简还说："从前，皇帝登上丹凤楼宣布大赦的时候，翰林学士承旨可以一同登楼，站在西南角上。请求今后再有登楼大赦，令翰林学士承旨与枢密使一起，侍立在皇帝身边。"这个建议也被太宗采纳了。

苏易简任参知政事期间，与一些同僚的关系也很紧张。苏易简与同为参知政事的赵昌言不和，以至于在太宗面前愤怒相争。苏易简与张洎曾是翰林学士院的同事，关系尤其差。苏易简当上参政后，张洎多次攻击他的过失，最终参政苏易简与宰相吕蒙正于至道元年（995）四月同日被罢，太宗让张洎接替苏易简的职位，任参知政事。

至道元年（995）二月甲申，"命宰相及群臣分于京城寺观、祠庙祷雨"。这是吕蒙正本次任相期间完成的见诸史籍记载的最后一件政务。四月，吕蒙正罢相，出判河南府，同时本官被提升为尚书右仆射。参知政事吕端被任命为宰相。宰执更替之际，太宗对吕蒙正说："仆射之职，为众官之长。朕因为中书事务繁多，不愿爱卿一直劳苦。"即用"均劳逸"的理由，结束了吕蒙正的第二次为相生涯。

翰林学士们起草的罢相制书，承袭了太宗"均劳逸"的口吻，但也委婉地揭示了吕蒙正二次任相期间令太宗不满的地方，《吕蒙正罢相除右仆射制》云：

> 邦国政治，盖出于中枢；朝廷纪纲，尽归于会府。矧乃端揆之任，聿居师长之崇。苟非台铉之贤，曷慰缙绅之望。具官吕蒙正，挺生英气，符合昌期。自光梦卜之求，遂荷盐梅之寄。谟明匪懈，亮直不渝。爰自天官，再持政柄。洎和鼎实，时维老成。朕钦若丕图，建用皇极，虽弥纶大体，固未协于康哉；而励翼小心，亦备观于勤止。颇郁隆平之望，宜均劳逸之功。

长是中台，式兹百辟。地高务简，足以养颐。勉服宠光，往践乃位。

“弥纶大体，固未协于康哉”是说吕蒙正身为宰相，协助君主治理国家，并没能实现太平无事，天下乂安；“颇郁隆平之望”是说辜负了皇帝与百姓对国家昌盛太平的期望。但是吕蒙正的“励翼小心”，太宗也是看在眼里的，所以特任命为“师长百僚”尚书右仆射，出判河南府。让吕蒙正能够在晚年衣锦还乡，颐养天年，也是莫大的“宠光”了。

宰相更替之际，皇帝对后任宰相提出的要求，往往是前任宰相做得不是那么让帝王满意的地方。对于新任宰相吕端，太宗说：“朝堂之上，不存在没有德才却被授官的情况，朕相信你。宰相只要能做到‘进贤退不肖’，便可谓称职了，爱卿要努力啊。”显然，这方面，吕蒙正的作为，并没有让太宗满意。

提拔吕端之前，太宗在小范围内征求过意见，有人表示反对，说吕端“为人糊涂”。太宗则说，吕端“小事糊涂，大事不糊涂”。就在这次人事变动的前几日，宫中在后苑举行宴会，太宗即席作了一首《钓鱼诗》，有两句说：“欲饵金钩深未达，磻溪须问钓鱼人。”历史上，在磻溪边上钓鱼却不设置鱼饵的人是辅佐周武王灭商建周的吕尚。太宗的诗，以周文王自比，把吕端比作晚年得遇的吕尚。吕尚受知文王，辅佐文王、武王二君，则太宗对吕端的期许何在，不言自明。如果说之前罢免李昉、张齐贤、贾黄中等人，是因为对他们的“循默守位”不满，那么这次吕蒙正等人被免职，某种意义上可以说是太宗对吕端、寇准的信任与喜爱，超越了吕蒙正、苏易简等人。

吕端此时已经61岁了，从后晋时入仕开始，吕端沉浮宦海近40年，到这时候才被太宗重用，太宗常常为没能早一点重用吕端而遗憾。吕端“为相持重，识大体，以清静简易为务”。在皇帝面前奏事的时候，同僚经常发表不同意见，而吕端却很少有所建议或陈述。事实上，吕端和吕蒙正的施政风格，并没太大差别，但太宗对他分外信任。有一天，太宗给中书大臣们一份手札，说："今后中书的政务，必须经过吕端审核采择，才可以向我奏闻。"太宗对吕端的器重，可见一斑。

吕端当时已经年逾花甲，而参知政事寇准时年不过 35 岁。吕端的资历与经验，远在寇准之上，但吕端仍然主动考虑如何团结寇准。吕端与寇准之前同为参政，现在吕端升任宰相，担心寇准不服气，于是请求提升参知政事的地位，包括与宰相分日知印、轮流带领百官参加常朝、朝堂之上的站位合在一起等。太宗答应了这些请求，这不但是对吕端的"言听计从"，也是出于对寇准的青目。

这个"老带新"的格局，或许就是太宗在"足创甚"的情况下，为巩固元侃的准皇储地位，做的人事安排。毕竟，吕端仕宦多朝，见惯了改朝易代之际的血雨腥风，而寇准年富力强，敢作敢为，且是确立元侃准皇储地位的重要推手。这些都远非新时代的新人、以词臣出身的吕蒙正、苏易简等人所能望其项背的。

七、吕蒙正二次任相期间君臣的其他互动

吕蒙正任相期间，太宗还推动了两件事，一是重修《太祖实录》，二是有感于当时世风浇薄而提倡孝道。此外，太宗擅长飞白书，多次以亲笔飞白书赐予大臣。

1. 重修《太祖实录》

淳化五年（994）四月，太宗委任李至、张洎、张佖、范杲 4 人为同修国史，负责重修《太祖实录》的工作。重修的起因、要求，集中体现在之前君臣的一次对话中。

太宗对宰相说："太祖朝的事情，很多都是亲见亲闻的，如今的《太

祖实录》中，却有不少的遗漏疏忽，可召集史官重新修撰。”参知政事苏易简说：“之前委任翰林学士扈蒙修史，但扈蒙生性软弱胆小，又受到权势者的逼迫，多所回避，没能做到据事直书。”太宗说：“史臣的职分，正在善恶必书，无所隐讳。从前唐元宗打算焚毁武则天执政时期的历史，左右大臣认为不可，让后代知道这段历史，足以引为教训，使人警惕。”太宗接着将话题转到具体的要求上，他说：“太祖受命于天，成为帝王，并不是谋虑的结果。从前曹操、司马懿都是暗藏政治野心达数十年，先是向皇帝邀求九锡之赐，然后再在下一代完成帝位的禅让，实现改朝换代。而我朝太祖为了后周帝王出生入死，中外所知，他当上皇帝，并不是有意的。当时事情的来龙去脉，史官却没有记述下来，应该让李至等人另外加以编辑。”

太宗在这次谈话中，提出了“善恶必书”的要求，后来又在另一次谈话中说：“修史的才能是很难得的，修史之人一定要摘取事实，并去掉个人的好恶，才能成为优秀的史官。”但是通过上述对话，我们知道，重修《太祖实录》的目的十分清楚：既是为大宋政权的，也是为太宗自己继位的合法性张本；总基调也是不可置疑的，即“太祖受命之际，固非谋虑所及”。所谓的“善恶必书”云云，不过是统治者维护自身利益的遮羞布罢了。

2. 提倡孝道

当时世风浇薄，奔走竞争、追名逐利的风气在士大夫间流行。上已述及，为抵制这样的风气，淳化五年（994）八月，太宗曾下诏，禁止中外臣僚动辄献诗献文自荐的行为。在同一个月，太宗又下诏，禁止百官子弟“冒哀求仕”。

太宗曾经痛心地对近臣说：“孝，是人伦中最重要的。古代的人，父母去世后，要守孝三年。如今的臣僚子弟，有因为做官的祖父或者父亲过世，而被恩荫录用为官的，本意是想让亡者后继有人。然而，有些子弟，当官心切，亲人去世不到百日，便参加朝见聚会，朕每看到，都觉得不忍心。”参知政事赵昌言说：“陛下如此晓谕，可以让风俗诚朴宽厚。”于是太宗昭告百官子弟：如果因为父亲或者兄弟去世而被恩荫授官，守孝未满百日的，不得到上司处报到。责令御史台负责检举督察，如有在亲人丧期内汲汲求仕进（冒哀求仕）的，丧期未结束就脱掉丧服，穿上吉服的，要将他们的名字上报。

除了抵制、制裁不孝的行为，太宗还积极奖励那些淳孝的人。“淳化中，上命采庶僚中廉干者，给御书印纸，俾书课最，仍赐实奉以旌异之。”印纸即“类似功过记录单一类的表格，由所属部门注明该官的举主、治事的功绩、善状与过犯等，以备年终评定考第、任满决定黜陟”。淳化年间，太宗为了激励那些廉洁干练的臣僚，特意赐给他们皇帝亲笔书写的印纸。就在颁布上述禁止“冒哀求仕”的诏令 8 天之后，殿中丞李虚己因得到了御书印纸而上表献诗。在上表中，李虚己报告说：“自己的祖母已经八十多岁了，听说孙子获得了这样的殊荣，成为受皇帝认可的守法循理的官吏，非常高兴。”太宗看到报告，也为李虚己的孝顺与这一家的和睦而开心，遂在上书的结尾批示说：“朕真得到了好郡守了！”太宗特意赐给他五品的服饰。李虚己之前已经被任命为知荣州，尚未赴任，因为得到太宗的欣赏，改为知遂州。太宗又赐给其祖母钱 50 万。50 万文钱是什么概念呢？吕蒙正二次任相之初，开封郊区居民牟晖丢了一头小公猪，太宗赐给他千钱来补偿损失，也就是当时一头小公猪的价格约是 1000 文。太宗赐钱 50 万，相当于赐给李虚己祖母 500 头小公猪。稍后的真宗咸平年间，宰相吕端去世后，府第被子孙抵押出去，后被朝廷用 500 万钱将其赎回，这次赏赐，也相当于宰相府第价值的十分之一。

第二天，太宗对宰相吕蒙正谈起这事，说：“已经赐给他 50 贯钱了。”

吕蒙正纠正说："昨天您赐给的是500贯。"太宗说："那是搞错了，但是已经赏赐了，就不能再追回了。"李虚己的父亲李寅，曾登进士第，当时已经60多岁了，以母亲年老请求辞去官职，朝廷将其本官升为著作郎，令其退休。李寅有词章之学，守贫刻苦。李虚己也非常孝顺，纯厚谨慎，一家人生活非常贫困。虽然这次异常丰厚的赏赐是阴差阳错，但是当时人们都认为他是值得这等赏赐的。

除了褒奖孝顺的臣僚，太宗还多次召见宰执大臣的母亲夸奖她们教子有方，如召见过贾黄中的母亲王氏、苏易简的母亲薛氏。淳化五年(994)十月，已经被罢去参知政事一年多的贾黄中出知澶州。临行前，太宗对他说："君臣为政，都应该小心翼翼，但是太过的话，也失去了大臣的体统。坚决不作非法过分的事情，就可以了，没必要战战兢兢。"贾黄中磕头认错。贾黄中退下后，太宗对左右大臣说："贾黄中的母亲贤德，年已70却精力未衰，谈话间，表现得聪明机敏。贾黄中却整日忧虑畏怯，必定要先于其母老去啊。"太宗又对参知政事苏易简说："爱卿的母亲也很优秀，自古以来，贤德的妇人不可多得啊。"苏易简回答说："陛下以孝治理天下，看重臣子的双亲。臣何德何能，老母亲能得到陛下的夸奖，这真是我做儿子的荣耀啊。"

3. 御赐飞白书

太宗日理万机之余，喜欢书法，尤擅飞白书，笔画中丝丝露白，像枯笔所写。太宗时常将自己的墨宝赐给臣下，这也成为臣子受宠的象征。

淳化五年(994)十一月，太宗赐给近臣每人一轴亲笔书写的飞白书。之前宰相吕蒙正等人都多次获得这样的赏赐，而寇准因为在外知青州，至这年九月才回到开封担任参知政事，所以一直没能得到太宗的墨宝。这次，太宗特意赐给寇准十八轴，足以见其对寇准的青睐。太宗对吕蒙正等人说："书法，是六艺之一，并不是帝王应该留心擅长之事，朕在处理政务之余，以此自娱罢了。”

或许是太宗的书法确不错，或许是为了讨好皇帝，宰执之间也会为了求乞太宗的一幅墨宝而发生争执。在赐给近臣墨宝的第二天，太宗又赋诗一首，赐给翰林学士张洎、钱若水。张洎再一次发挥特长，揣摩太宗作诗的意图，写出了数千字的读后感，呈给太宗。太宗看过觉得很好，赐诗一首作为嘉奖。太宗将吕蒙正等人召来，对他们说：“张洎所上表，深刻体会到了朕的意图，足以警诫那些急于进取的人，绝尽浮薄的社会风气。”太宗命令将张洎的上表交付给史馆，准许众人去观看。太宗还针对社会上不安于本分的风气，叹息了很久。随后再次赐给张洎诗一首，并将之前所作的诗用四种字体各书写了一幅，一并赐给张洎。四幅作品中的草书尤其绝妙，苏易简跪下磕头，向太宗请求赏赐，宰相吕蒙正也表示想要。苏易简说：“臣先提出来的，吕蒙正迟了一步，已经来不及了。”太宗笑着将那幅草书作品赏赐给了苏易简。

八、至道二年的风云变幻

吕蒙正自至道元年（995）四月罢相，以右仆射出判河南府兼西京留守，到咸平三年（1000）被从洛阳召回开封，于四年（1001）三月与向敏中同时被任命为同平章事，第三次入相。吕蒙正在洛阳一共生活了 5 年多。

吕蒙正青少年时期，曾在洛阳龙门读书，当时一同读书论道的朋友有两人，一位是温仲舒，另一名姓名已经不传（有说是郭延卿）。三人当时都颇以才学自负，发誓不得状元不做官。太平兴国二年（977），三人同赴开封参加殿试，宣唱及第进士名次的时候，吕蒙正是状元。温仲舒虽然不是状元，但也列于甲等，也便没有真的把当初的豪言壮语当回事，欣然开始了仕宦生涯。另外一个人很不幸名落孙山，大概很受打击，此后归隐洛阳，不再想通过科举考试做官了。吕蒙正在太宗朝为相期间，太宗曾问他，之前有哪些好友？意思是你吕蒙正这么优秀，物以类聚，你的朋友应该也有很优秀的，希望你为国家推荐贤才。吕蒙正便推荐了那位归隐的伙伴，太宗便想请他出来做官，答应给予从六品上的著作佐郎的京官待遇，但是他竟然拒绝了。吕蒙正这次判河南府兼西京留守，见到了仍旧是平头百姓的这位旧友，不禁感慨万千，写了一首诗来抒发自己的心境：

昔作儒生谒贡闱，今提相印出黄扉。
九重鹓鹭醉中别，万里烟霄达了归。
邻叟尽垂新鹤发，故人犹着旧麻衣。
洛阳谩道多才子，自叹遭逢似我稀。

在洛阳，吕蒙正正在为自己的遭逢感叹唏嘘，在开封，时任工部侍郎、同知枢密院事的钱若水，正针对太宗瞧不起臣下的言论，给予狠狠的反击。吕蒙正罢相后，太宗对钱若水说："人臣应当牢记尽忠以保富贵，吕蒙正之前是平民百姓，朕将其拔擢为宰相。现在不再是率领百官的宰相，退回班列，想来应该是盼望恢复职位而望眼欲穿吧。"钱若水说了一番义正词严的话，他说："吕蒙正显达尊贵后，其声名威望很高，并不是滥竽充数。现在担任的仆射一职，又是百官之长，资格和品级都很尊贵，也不是置于闲散职位，不是不被重用。并且，吕蒙正从来没有因为被罢相而忧闷。当今隐居岩穴的志行高洁之士，不求显贵官职的人太多了。像臣等这些人，贪求官家俸禄，确实是不足以自重。"一席话，竟令太宗无言以对。

钱若水说吕蒙正没有因为被罢相而抑郁，这并不是过誉之词。吕蒙正在洛阳时，对自己的经历已经感到很满足了，并没有汲汲谋求复相。这从其对待皇帝派往洛阳传令的宦官们的态度可见一斑。《宋史·吕蒙正传》说，吕蒙正在洛阳的时候，皇帝多次派遣受宠的宦官向吕蒙正传达命令，吕蒙正用与在相位时一样的态度、礼仪对待使者，没有丝毫的抑损与讨好，由此人们愈加敬重他。

至道二年（996）正月，太宗亲飨太庙，合祭天地于圜丘，大赦天下，加恩中外文武官。二月，吕蒙正由右仆射晋升为左仆射。六月，河南一个叫张知远的人家里长出了灵芝，吕蒙正向太宗报告了这个祥瑞。这一年，吕蒙正还荐举林特为通判西京留守事，成为吕蒙正此期间的左膀右臂。

林特，福建顺昌人，“少颖悟”，10岁的时候，谒见江南的统治者李璟，也就是李煜的父亲，“献所为文，景奇之，命作赋，有顷而成”，因为这样的出色表现，年仅10岁的林特被授予“兰台校书郎”。北宋兼并南唐后，林特作为南唐的旧官僚被带到开封。林特再一次用献文的老办法，得到了太宗的赏识。先后任长葛县尉、遂州录事参军、通判陇州、通判永兴军等。永兴军是宋朝西北边境的重镇，治所在京兆府，即现在的西安。

至道二年（996）三月，宋廷决定输送40万石粮草到灵州（今宁夏灵武），派洛苑使白守荣等负责护送。临行前，太宗亲自交代，要将辎重分成前后相接的三支队伍，负责运送的丁夫拿着弓箭自卫，士兵们列成方阵武装保护，遇到敌人随时投入战斗，可以确保万无一失。同时，约定会州观察使田绍斌率兵由灵州前来接应。但白守荣中途改变了太宗的布置，将三支队伍合而为一。同时，在面对敌人包围时，田绍斌与白守荣在主动出击还是持重地结阵徐行的问题上意见相左。白守荣为邀功主动出击，田绍斌则率所部在距离辎重四五里的地方驻扎。兵分势弱，这给了李继迁以机会，他在浦洛河设伏，引诱白守荣部陷入包围，同时派骑兵3000阻击田绍斌部支援，成功劫掠了北宋发往灵州的大批粮草。

在成功劫掠宋军粮草之后，五月，李继迁率万余人围攻灵州。太宗起初打算放弃灵州，后又改变主意，调兵遣将，五路进兵，期于乌、白池会师，攻讨李继迁。由于宋军李继隆等部出发后临时改变行军路线，其中两路军队根本连李继迁的影子都没有见到，一路见到西夏军队后不战而退。只有王超、范廷召率领的两路宋军如期抵达指定地点，在乌、白池一带与李继迁大小数十战，取得了“斩首五十级，生擒指挥使等二十七人，马两千匹”的战绩，解了灵州之围。但是，这次宋廷兴师动众，却没能取得消灭李继迁有生力量的预期目标。

在这次讨伐李继迁的行动中，时任永兴军通判的林特负责“督所部转刍粟，先期以办”，也即负责讨伐大军的粮草运输工作，并且出色地完成了任务。虽然后来寇准说林特“奸邪”，《宋史》也说他“天性邪险，善附会”，但也不能不承认他出色的办事能力，“特精敏，喜吏职，据案终日不倦”，“特体素羸，然未尝一日谒告”。由此得到了吕蒙正的欣赏，举荐他为“通判西京留守事”。吕蒙正三次入相后，又再次推荐林特“入判三司户部勾院”。

吕蒙正罢相一年多之后的至道二年（996）七月，原本深受太宗器重的寇准被罢参知政事，出知邓州。寇准此次任参知政事期间，对朝政，特别是对确立、巩固皇储地位，是有着重大贡献的。之前因为寇准的一席话，坚定了太宗将来传位给第三子元侃的决心。淳化五年（994）九月，太宗任命元侃为开封府尹，改封寿王。第二年，至道元年（995）八月，立元侃为皇太子，改名恒。赵恒就是后来的宋真宗。

自唐末以来，军阀混战，已经有近百年没有举行过立太子的仪式了。确立太子，预示着太宗百年之后，政权有了顺利交接的可能，这也标志着唐末以来纷争不已的混乱局面的结束，官僚与百姓们为此感到欢欣鼓舞。但是，令人没有想到的是，百姓对太子的喜爱，竟然让太宗如芒刺在背，幸亏寇准的一番开导，才解开了太宗的心结。

据《长编》记载，京师的老百姓看到太子，欢欣踊跃，赞叹说：“真社稷之主也。”太宗听到报告后，把寇准找来，对他说：“天下的老百姓都爱戴太子，将置我于何地呢？”寇准劝太宗说：“陛下选择可以托付帝位的人，现在得偿所愿，选出了这么优秀的太子，真是万世之福啊。”太宗大概还是将信将疑，回到宫中，将寇准的话说给皇后妃子们听，皇后妃嫔们都上前祝贺。这时太宗才释然，重新出来，邀请寇准喝酒，直到喝醉才结束。

应该承认，太宗对于臣下的谏诤，往往是优容的。之前吕蒙正推荐出使朔方的人选，太宗虽然几次表示不同意，但最终还是采纳了吕蒙正的建议。而此时的参知政事寇准，也颇有吕蒙正敢言的风格。有一次，寇准奏事，话说得恳切率直，太宗生气地起身准备离开，寇准竟然抓住太宗的衣服，请太宗坐下，事情有了决断之后，寇准才退下。事后，太宗赞叹寇准说：“此真宰相也。”太宗又对身边大臣们说：“朕得寇准，就像唐太宗得到魏征一样啊。”

吕端谦让，太宗钟爱，寇准本该得到进一步重用的。遗憾的是，寇准没能吸取吕蒙正罢相的教训。之前吕蒙正因为没能破格进退人才，引发太宗不满，而寇准此时矫枉过正，在太宗最看重的人事问题上，竟置惯例于不顾。

至道二年（996）正月，朝廷顺利举行了郊祀典礼，普天同庆，皇恩浩荡，天下的官吏都跟着升官提级。参知政事寇准处理此事时“率意轻重”：对他喜欢的，就给中央的美官；对讨厌的或者不认识的，就按规定慢慢次第升迁。当时广州有两位通判，左通判、左正言冯拯与右通判、太常博士彭惟节。这次升官提级之前，冯拯排名在彭惟节之前。升官提级时，由于与冯拯有嫌隙，寇准故意让其提升的步伐小一点，转虞部员外郎。彭惟节正常迁转，改屯田员外郎。虞部与屯田两个员外郎，虽都是从六品上，但屯田排在虞部之前。这样，升官提级之后，彭惟节的排名，跑到冯拯前面去了。彭惟节之前都是位于冯拯之后，这时候，没有什么特别的功劳，却忽然跑到人家前面去了，心中大概也很不安。

在上报给中央的奏章上签名的时候，还是按照之前的排位，签在冯拯后面。冯拯少年得志，遭此压制，心中肯定也愤愤不平，既然彭惟节主动谦让，便也无异议地照此办理了。

寇准看到广州上报的公文中，两人的排位依旧，非常生气，特意以“中书劄子”来纠正。“中书劄子”是以中书名义发出的公文，代表着宰执乃至皇帝的意见。公文中虽然表明不追究责任，但语气严厉地批评了冯拯。冯拯愤怒地说：“官家日理万机，那里会关注臣僚排位这样的小事，肯定是寇准在弄权。”于是直接写信向太宗告发，除了述说自己的委屈，还列举了几起岭南官吏除拜不当的事例，并附上了刚收到的“中书劄子”。

除了冯拯，时任岭南东路转运使的康戬也向太宗告发寇准弄权，他说：“吕端、张洎、李昌龄都是寇准援引的，吕端心怀感激，张洎曲意奉承，李昌龄胆怯软弱，都不敢与寇准抗衡，所以寇准得以在中书任情乱法。”太宗最恨臣下弄权，看过两份报告，怒火中烧。不巧这时候当事人寇准正在太庙里祭祀，太宗便把吕端等人叫来责问。吕端回答说：“我们都是您亲自提拔，委以重任的，并不是如康戬所说，是寇准引荐的。寇准在官员选拔任用问题上确实是专横放肆。寇准性格倔强固执，自以为是，我们作为中书大臣，不想为此愤怒相争，有伤朝廷的体面。”

太宗对寇准的偏爱是有目共睹的。寇准“专横放肆”，太宗难辞其咎。听了吕端的解释，太宗不再纠结于这个问题，转而对“中书劄子”表达了不满。太宗说：“前代中书有‘堂帖’来处理公务，指挥下级，权臣正是用堂帖来慑服天下。太祖朝，赵普在中书为相，其发布的堂帖比皇帝颁布的敕命更有约束力，不久便取消了该文种，现在又设置什么‘劄子’，与之前的堂帖大同小异罢了。”参政张洎回答说：“劄子是中书用来处理小事的文种，就像中央各机关有‘符帖’‘关刺’一样，如果废除，则中书将没有公文文种可用。”太宗说：“今后大事，须以敕命的形式颁布。该用劄子的时候，均须经我看过方能发出，否则无效。”

寇准完成祭祀任务，面见太宗覆命，太宗便说起冯拯告状的事情，寇准坚称是与宰相吕端等人商议过的。太宗说：“若在朝廷之上争辩是非，有损执政大臣的体面。”寇准不管不顾，仍旧力争不已。太宗先前已对寇准不满，此刻看到寇准喋喋不休的样子，感慨说：“雀鼠尚知人意，况人乎？”寇准实在是太不通人情了！这还没完，第二天，寇准抱着中书的相关文件，继续在太宗面前争辩，太宗对寇准愈加不满。

作为宰执，在敏感的人事任命问题上，能够突破规则限制，往好里说，是有“进贤退不肖”的担当；往坏里讲，就是任人唯亲了。抛开动机不论，其中最重要的分水岭，就是宰执有没有识人的独到眼光。

寇准是有着这样的担当的，《宋史·寇准传》中记载：寇准在真宗朝做宰相的时候，用人不按照次序，同僚都很有意见。有一天，又要任命一批官员，宰执们为了提醒寇准，让工作人员拿着相关规定呈给寇准。寇准却根本不屑一顾，他说：“宰相的职责，就是‘进贤退不肖’，提拔贤能的人，屏退庸劣的人，若是事事按照规定，那就用不着宰相，一个胥吏就足够了。”

但是问题是，光有这样的担当还不够，还要有慧眼识人的本领，才能真正实现“不拘一格降人才”，然而在识人方面，寇准就让人不敢恭维了。不说别人，就说寇准“兄事之”并且不遗余力向太宗推荐的张洎吧。参知政事张洎这时候看到寇准做事专断，太宗对他的不满越来越明显，为了和寇准划清界限，将之前对寇准的恭顺一股脑抛到九霄云外去了，在太宗面前突然发难，告发寇准退朝后说了很多怨望的话。寇准之前掏心掏肺地对待张洎，没想到张洎竟然这么干，当场惊惶不安得脸色都变了，也不敢辩解什么。太宗大怒，不过十来天，就在至道二年（996）七月，罢去了寇准的参知政事职务，令其出知邓州。

与寇准的界限是划清了，然而，张洎的参知政事却没能继续担任多久。这首先是因为太宗认清了张洎“甘言善柔”的性格。至道二年（996）

五月，李继迁率部围攻灵州的消息传来，太宗在长春殿召集宰相吕端、知枢密院事赵镕等人商议应对之策。太宗之前曾让大臣们各抒己见，分别向他报告，但吕端这时请求说："臣僚们各抒己见，难免众说纷纭，不如大臣们先行计议，待咨询和商议的意见都一致后，再向您报告，陈说利弊。"张洎忽然越位站出来攻击吕端，他说："吕端等人身为宰执，陛下有所询问，反而闭口不言，实在是没有尽到替陛下出谋划策的责任。"吕端可不比寇准，吕端在官场里摸爬滚打近 40 年，什么大风大浪没见过？当场毫不客气地直接揭穿了张洎的老底，他说："张洎要说的话，不过是揣摩迎合陛下的心意，肯定不会刚正率直。"面对宰执的互相攻讦，太宗竟也一时语塞，沉默无言。

第二天，张洎在给太宗的上疏中，援引西汉贾捐之建议汉元帝废弃珠崖郡的故事，建议太宗放弃灵州，以减省陕西等地承担的繁重的粮食运送负担。太宗之前确实有过放弃灵州的打算，但是后来又改变主意。张洎果然是在揣摩太宗的心意，有意迎合。太宗看后，很不高兴，将上疏还给张洎，对张洎说："卿所陈，朕不晓一句。"你说的，我一句也看不懂。张洎这次碰了钉子，惭愧又恐惧地退下了。太宗对同知枢密院事向敏中等人说："张洎上疏所说的，果然都被吕端猜到了，我已经将奏疏退给他了。"

张洎被罢免参知政事的第二个原因是其大限将至。寇准被罢去参知政事职务后没多久，张洎就生病了，而且很严重，请假休养了一百天都没有好转。张洎不甘心就这样被罢去职务，勉强支撑病体请求奏对，行礼的时候，在太宗面前仆倒了，在身旁人的搀扶下，才勉强起来。第二天，张洎上书请求辞去参知政事的职务，太宗将其褒美嘉奖一番，并没有答应。但是，张洎的病情日渐沉重，一个多月后，在至道三年（997）正月，太宗免去了他的参政职务。张洎接到诏书，忍不住低声哭泣，病情也开始恶化，过了仅仅十多天，就去世了，享年 64 岁。

张洎被罢免的同时，太宗任命了吕蒙正的两位同年——温仲舒与王化基为参知政事。至道三年（997）正月的这次宰执更动之后，中书任职的情况是，宰相吕端独相，参知政事三人：温仲舒、王化基、李昌龄。李昌龄是太平兴国三年（978）胡旦榜进士，至道二年（996）二月，由御史中丞改任参知政事。《宋史》说他担任参知政事时的表现是“昌龄居位，颇选愞无所建明”，看起来是位难以为善也难以为恶的人物。

这 4 位宰执，很快即将迎来一场严峻的斗争。

九、太宗去世，真宗即位

至道三年（997）二月，太宗病情恶化，开始在便殿决事。三月壬辰，太宗因病不视朝。次日癸巳，太宗死于万岁殿，享年 59 岁，在帝位 22 年。这时，一场阴谋也悄悄出现了。

太宗的明德皇后李氏，是宋初著名将领李处耘的第二个女儿。不久之前在西北战场上领兵讨伐李继迁的李继隆，是李处耘的长子，也就是李皇后的亲哥哥。太宗去世时，李继隆正担任殿前都指挥使，掌握禁军。当时宦官的头子是宣政使王继恩，这位王继恩非常不简单，当年宋太祖去世之际，宋皇后急令王继恩召赵德芳入宫，王继恩却去找晋王赵光义，即后来的太宗，为其抢班夺权立下大功。在太宗朝，王继恩又率军前往四川扑灭了王小波、李顺起义。

李皇后特别喜爱太宗的长子、早已经被废为庶人的元佐，还将元佐的儿子允升养于宫中。在太宗弥留之际，李皇后和王继恩有了拥立元佐的打算，他们私下里与参知政事李昌龄、殿前都指挥使李继隆、知制诰胡旦串联。虽然参与者只有 5 人，却包括了方方面面的人物：既有在废立问题上有发言权的李皇后，也有代表外朝士大夫的参知政事李昌龄；既有在九重之内呼风唤雨的王继恩，更有枪杆子李继隆和笔杆子胡旦。

可以说，这个“政变领导小组”人才济济，若是能有周密计划，取得成功是很有可能的。

但是从后来局势的发展看，这5位很可能只是仓促间就拥立元佐达成原则上的一致意见，并没有能制定周密的政变计划。其原因，大概一方面是因为太宗从病危到去世的时间非常短，没给他们更多的准备时间；另一方面，这些人很可能是临时起意，幻想通过取得号称“糊涂”的宰相吕端的支持，和平达到目的。

关键时刻，吕端的“大事不糊涂”再一次显现了出来。在太宗病危的日子，吕端与太子赵恒天天到太宗床前问起居，表面上是尽人子之孝，其实更重要的目的是亲自了解太宗病情的发展。太宗去世，李皇后命王继恩召吕端入宫，虽然王继恩并没有说明为何事召其入宫，但“端知有变”，已经猜到了是太宗去世。他立即采取果断措施，将居中联络的王继恩拘禁起来，派人看守，自己率参知政事温仲舒等进入皇宫。李皇后对吕端说：“皇帝已经去世，立嗣以长，方合乎事理，现在该怎么办？”面对李皇后“立嗣以长”的说辞，吕端义正词严地说：“先帝所以要立太子，正是为了今天。现在先帝尸骨未寒，怎么能违背先帝的意志，有异议呢？”因为吕端的坚持，也因为王继恩这个关键人物在关键时刻不能发挥作用，李皇后等人的阴谋没能得逞。吕端命人迎太子入宫，参知政事温仲舒宣读遗制，太子赵恒在太宗灵柩前即位，是为真宗。真宗即位后，“垂帘引见群臣”，吕端生怕有人再搞偷梁换柱的把戏，三拜九叩之后，君臣之分就定了，不同儿戏，所以特意“请卷帘，升殿审视”，确信帘后龙椅上所坐的，确是赵恒，才“率群臣拜呼万岁”。真宗继位的危机，就这样被化解了。

这次废立风波，既没有周密的计划，也没有实质性的举措，并且，知情者被严格控制在很小范围内。真宗即位伊始，为安抚人心稳定局势计，并没有立即对参与者给予惩罚。直到一个月之后，才先后以别的理由对 4 名参与者进行处理。李继隆有陈州刺史、镇安军节度使的头衔，这时被勒令赴陈州本镇。李昌龄被贬为忠武军司马。王继恩被降为右监门卫将军，均州安置。胡旦被一贬再贬，削除官籍，流放浔州。

真宗即位后第二个月，任命李至、李沆并为参知政事。李至，曾于太平兴国八年（983）十一月与吕蒙正同拜参知政事，雍熙二年（985）正月以目疾罢。李沆在淳化二年（991）九月吕蒙正第一次被罢相那天，拜参知政事，四年（993）十月罢，是李昉、张齐贤任宰相时的副相。赵恒被立为太子后，两人被太宗任命为太子宾客，并要求太子“事以师傅礼”。真宗当时作为太子，对这两位老师是非常尊重的，每见到二位，都要先行礼。即位后，真宗很快将他们充实进宰执班子。经过这样的调整，宰执班子就变成了吕端任宰相，温仲舒、王化基、李至、李沆 4 人并任参知政事。

吕端因为挫败了王继恩等人的阴谋，确保了真宗的顺利继位，有拥戴之功，所以真宗对于吕端分外敬重。例如，每次宰执大臣进入皇宫接受皇帝问话时，真宗只对吕端一个人拱手作揖，并且不直呼其名，以示敬意。吕端身形肥胖，宫殿的台阶很陡峭，吕端上下很费力，真宗便命令木匠专门为吕端造了适合的阶梯。

到咸平元年（998）这年夏天，64 岁的吕端生病了，并且很严重。真宗特别降诏，令吕端免于参加常朝，只就中书视事。吕端“上书求解，不许”。但是当时吕端的确已经无法履职了，不得已，真宗在十月罢免了吕端的宰相职务，同时晋升其本官为从一品的太子太保。此后吕端一直请假在家，直到咸平三年（1000）四月病逝。

咸平元年（998）十月，在吕端罢相的同时，李至被罢免参知政事。李至的去职，理由和上次一样，都是“以目疾解机务”。当月稍晚，温仲舒也被罢职，出知河阳，原因不详，但是其本官自户部侍郎改为礼部尚书，可知是“以礼罢去”。

吕端这届宰执班子，可谓是过渡性质，其最大的功绩，莫过于保证了皇位按照太宗的意愿，得到了传授。真宗在吕端罢相之际，任命张齐贤、李沆并相。温仲舒罢去参知政事同时，任命向敏中为参知政事。吕蒙正首任夫人宋氏的堂兄宋湜由翰林学士被任命为枢密副使。

身在洛阳的吕蒙正得知太宗去世的消息，非常悲痛，自己得以从陋巷寒窑中脱颖而出，在太宗朝两次担任宰相，太宗可谓于己有知遇之恩。太宗的陵墓——永熙陵，位于开封与洛阳之间靠近洛阳一侧的巩义，太宗灵柩西来安葬之际，瘦弱疲惫的吕蒙正穿着丧服，在河南府的边界上迎候。吕蒙正俯伏在地上，痛哭流涕，痛不欲生，多次哭得几乎昏厥。吕蒙正彷徨不安地在巩义不忍离去，捐出自己的积蓄 300 万钱作为修建陵墓的费用，来表达自己的不舍之情。

在判河南府期间，吕蒙正除了推荐林特作为自己的副手，还推荐了曾与林特一起共事的杨覃。杨覃本是吴越国的降臣，入宋后，在太平兴国八年（983）进士及第，他勤于吏事，有着办事干练而有成效的名声。田重进为永兴军节度使时，杨覃与林特同为通判。“重进不法，覃事多抗执，重进颇不悦，形于辞色。”面对长官的违法行为，杨覃敢于抵制。至道二年（996）九月，太宗下令攻讨李继迁，“调发刍粮，覃、特皆以苛急促办为务。覃令钳手，特令即械颈，虽衣冠旧族不免，人用怨嗟。”杨覃与林特为保证军需，敢于对有一定社会地位的士绅们采取强硬手段，都是具有超强办事能力的狠角色。咸平元年（998），杨覃任三门发运使，得到时判河南府的吕蒙正的赏识与推荐，被召回朝廷，“判三司磨勘、凭由、理欠司”，担任北宋国家财政机构——三司的中层管理人员。

张齐贤居相位两年，于咸平三年（1000）十一月被罢相，而其被罢相的原因，说来可笑，竟然是因为酒后失态。《长编》记载说，张齐贤与李沆同为宰相，关系却很紧张。张齐贤自负有辅佐国君的本领，在真宗面前议政时，往往与李沆的意见相左，百官们议论纷纷，都觉得张齐贤迂腐。咸平三年（1000）冬至，天气大概很冷，群臣朝会的时候，张齐贤因为喝醉了，帽子都歪斜了，摇摇晃晃地差点在朝堂上跌倒。御史中丞弹劾张齐贤违背礼节，张齐贤辩解说："因为受了寒，想喝酒来暖和一下，没想到喝醉了。"张齐贤说罢磕头认错。真宗说："你是宰相，怎么给百官做表率？朝廷自有典章规定，朕也不敢袒护。"3天后，张齐贤被罢相。

此后，中书只剩下李沆独相，王化基、向敏中任参知政事。这时候，真宗想起了已经在洛阳生活了5年多的吕蒙正。大约就在咸平三年（1000）年底张齐贤被罢之后，真宗将吕蒙正召到开封，准备起用这位前朝重臣了。

一、战时宰相

张齐贤罢相三个月后，咸平四年（1001）三月，58 岁的吕蒙正与 53 岁的参知政事向敏中同时被任命为宰相，加上留任的李沆，中书共有三位宰相。吕蒙正与向敏中拜相的次日，王化基被罢参知政事，王旦接任。四月，王钦若被任命为参知政事，这样中书又有了两位新参政。

中书这个三相两参的班子中，吕蒙正不仅年纪最长，而且是第三次入相，威望最高。宋代的宰相，又分三等：首相带“昭文馆大学士”，简称昭文相；亚相带“监修国史”，简称史馆相；末相带“集贤殿学士”，简称集贤相。吕蒙正这次所担任的，就是级别最高的昭文相。《吕蒙正拜昭文相制》曰：

> 外抚四夷，内亲百姓。壹统类，调阴阳。时惟弼臣，兼总其职。……吕蒙正，绰有文行，冠于群伦。粤在先朝，已更大用。久劳于外，民具尔瞻。宜复鼎司，再持国论。祗若前宪，毗予一人。

“冠于群伦”“民具尔瞻”的说法肯定了吕蒙正的才干与威望。在吕端去世、张齐贤因失仪被罢后，年轻的真宗需要一位德高望重的、有丰富治国理政经验的老臣来帮助他“外抚四夷，内亲百姓”，吕蒙正显然是不二人选。吕蒙正拜相 7 天后，真宗对吕蒙正等宰执说了一段话来表明心迹：

（咸平四年三月）丁酉，上谓宰相吕蒙正等曰：“中书事无不总，赖卿等宿望，副朕意焉。凡事无固必，惟择善而行，以渐苏天下之民，最为急务也。”吕蒙正等言：“备边经费，计臣之责，近者但委转运使，至于出入盈虚之数，计臣或不能周知，此甚无谓也。”乃下诏申警三司，令举其职，傥闻阙误，必正典刑。

这段话肯定了各位宰执为“宿望”，真宗希望这届班子能够不拘一格，“择善而行”，让天下的老百姓能过上好日子。吕蒙正倒也没谦让，当场就提了一条非常具体的意见：三司本是宋朝的财政机构，可近来边境备战，物资调运，都委任给各地的转运使，三司掌握不了全面情况，这样缺乏集中统一领导，是不合适的。真宗采纳了吕蒙正的意见，专门警诫三司，令其改进工作。

这段对话，揭示了当时朝廷的一项重要工作“备边”，即防御北方辽朝与西北李继迁的进攻。事实上，在吕蒙正第三次任相期间，即从咸平四年（1001）三月到咸平六年（1003）九月，战争的阴影一直笼罩着北宋朝野。或者也可以说得再久远些，直到吕蒙正第三次罢相之后的景德元年（1004），这年正月李继迁因伤不治离世，十二月宋辽签订“澶渊之盟”，来自边境的军事压力才得到减轻。咸平年间，北宋君臣并没能将这个年号本身的美好寓意变成现实，实现四海升平。相反，外患不断成了此时期的基调。吕蒙正这次入相，较之前更多地参与了军政的讨论，可谓是战时宰相。

相对于太宗事必躬亲，凡事专断，真宗显得“民主”了不少。咸平四年（1001）六月，他对宰执大臣们说：“军国之事，无巨细必与卿等议之，朕未尝专断，卿等各宜无隐，以副朕意也。”做出了虚怀纳谏的姿态。真宗是这样说的，也是这样做的。

二、为防御李继迁建言献策

灵州（今宁夏灵武）曾是唐朝的西北重镇，到北宋，已经呈孤悬之势。“灵州居平夏西北，南去镇戎约五百里，东去环州六七日程，中隔瀚海数百里，乏水草，烽火亭障不相望。”从北宋的环州穿越沙漠，向灵州输送补给，要经过清远军。至道二年（996），李继迁在距离清远军不远的浦洛河劫夺了宋军的40万石粮草，并且一度围攻灵州。太宗派李继隆等五路大军进讨，才解灵州之围。

李继迁那次未能攻下灵州，心有不甘，准备卷土重来，在动手前，先于咸平四年（1001）八月，遣牙将到开封贡马，表示归顺，借以迷惑麻痹北宋君臣。实际上“抄劫边部益甚”，并没有停止对北宋的侵扰。就在这个月，真宗和吕蒙正等有这样一番谈话。

> （咸平四年八月）戊申，上出环庆、清远军至灵州地图，指示辅臣曰：“一昨戎人所掠部族，边臣奏不以实。”又指灵州西榆林、大定曰：“戎人多据此路，凭高以瞰王师，盖恃敻远，难于追袭。”复指天涧路曰：“杨琼尝言此路往灵州，险而有水，可保无患，然将帅顾方略如何耳。”又曰：“边臣奏粮储刍粟大有备。”吕蒙正曰：“国家贸易商贲以实边，农人不扰，而西鄙足用，盖上策也。”

宋真宗这番谈话，透露出几个重要信息：一是西北边境的不宁并非李继迁单方面的问题，宋方一些边臣其实也有相当责任。他们会出于各种动机，对朝廷说谎。也有时候，他们并不了解真实情况，只好把一些道听途说的消息传递到开封。宋朝史籍中关于对西夏关系混乱而抵牾的记载，就说明了彼时朝廷获取的情报的质量之差。二是北宋之所以多年不能敉平李继迁的祸乱，主要原因并不是李继迁的强大，很大程度上是因为他们占据了地利，熟悉当地地形交通，打之前可以占据有利位置，打不赢可以及时逃脱。三是北宋不堪其扰的最主要原因是边境屯驻重兵，粮草消耗巨大，由此带来了运输负担。吕蒙正说的“国家贸易商贵以实边”，是指当时推行的所谓“入中和籴”制度，亦称“折中”。该制度始于宋太宗雍熙年间北伐用兵之时，北宋政府“自河北用兵，切于馈饷，始令商人输刍粮塞下，酌地之远近而优为其直，执文券至京师，偿以缗钱，或移文江、淮给茶盐，谓之折中”。在宋夏战争开始后，又广泛用于西部战场。这时，真宗接到边臣报告说“粮储刍粟大有备”，看来这项制度发挥了一定作用。

从清远军抵达灵州，路途遥远，还要跨越沙漠，本已不易，为避免被劫，朝廷还要派出大量兵丁武装保护，消耗很大，“刍粮二十五万，到者不十之三”。但是，即便以这样的高成本护送运输，仍然难以避免被李继迁袭击劫持的危险。至道二年（996）春，宋军在浦洛河被劫。咸平三年（1000）九月，宋军在积石被劫，宋廷不但蒙受物资损失，还损兵折将，转运使陈绛、知灵州李守恩战死。

为了保障由清远军至灵州这条孔道的安全，就在李继迁遣使入贡的当月，陕西转运使刘综请求在浦洛河建城，增加一座路途上的堡垒。但是真宗不支持这个提议，他说：“之前也有人提出这个建议。然而建城之后，就要屯兵，屯兵不多，敌人来了也不能出战，只能闭城自守，那么建这样一座城，有什么好处呢？”吕蒙正支持真宗的意见，刘综的建议没有被采纳。

李继迁围攻灵州并未占到便宜，这次他改变策略，试图先行切断灵州与北宋的交通。咸平四年（1001）九月，李继迁亲自率兵攻打清远军。清远军派人到庆州请求救援，但救援部队在受命出发后却“迁延不进”，清远军在坚持抵抗7天后，“城中力竭”，不得已开门投降。

清远军失陷，对灵州安全构成直接威胁。面对此种危局，朝廷上甚至一度有了放弃灵州的言论，当然，更多的人认为，灵州不可不争。其理由，陕西转运使刘综说得最为透彻，他上疏说："国家财力雄富，士卒精锐，之所以不能消灭李继迁，是没有进行赏罚与委任不当所致。现在如果盲从了众人的议论，放弃灵州，就上了敌人的当了。并且，灵州人民淳朴，土地肥沃，是西北重镇，当然应该固守，作为屏藩。然后在浦洛河建军城，屯兵积粮，作为灵州的应援，虽有一时的辛劳，却能换取长久的安逸。况且，镇戎军与灵州接壤，若是放弃灵州，则镇戎军附近的原、渭等州就要防备李继迁的入侵，这样需要的人力财力，比现在还要多十倍，因此，很明显，应该全力保卫灵州。"

真宗为此征求宰执们的意见，吕蒙正等人都认为，灵州是必争之地，假若丢掉了，边境诸州也无法保全。真宗也很支持这个意见。只有宰相李沆说："李继迁不死，朝廷一定保不住灵州。"真宗吃惊地问："为什么爱卿的意见和大家的不同呢？"李沆说："臣以为不如派遣使者，命令灵州的将领带领戍守的士兵和百姓返回，放弃那座空城。这样的话，陕西的老百姓就免于输送粮草的沉重负担了。"

灵州危急之际，又有人提出联合西部诸多部族两面攻击李继迁。吕蒙正第一任夫人的兄弟宋沆，因为"喜谈兵事"，在十二月被任命为西凉安抚使，肩负起这项重任。但关于这项合纵连横的计划，真宗后来想想又放弃了，据他说，是因为观看唐与吐蕃的盟会图，想起了"吐蕃反复狼子野心之事"，觉得西部那些少数民族并不可靠。他大概怕引狼入室。这样，宋沆自然也不必出使了，只派一名普通使者告知了一向与宋廷交好的吐蕃潘罗支部，让他们出兵与宋军夹攻李继迁。

九月清远军失陷，3个多月后，真宗终于下定决心，派兵救援灵州。咸平四年闰十二月，以马步军都虞候王超为西面行营都部署，领兵6万应援灵州。

灵州军民盼望着救援大军，望眼欲穿。但是，这支队伍前进的速度是异乎寻常慢。到咸平五年（1002）三月，灵州城被李继迁攻陷时，这支大军还在路上。《西夏书事》中的记载是“保吉遣兵断瀚海要路，王超大军不得进”，王超大军受到西夏兵的阻遏。《长编》上说，王超等抵达北宋边境的环州时，就听说灵州已经被攻破了。随军转运使郑文宝，曾先后 12 次由环庆路运粮草到灵州，了解当地部族的情况，会说他们的语言，他穿上胡人的衣服，一个人冒着大雪，从小路抵达清远城，证实了灵州陷落的消息。面对国土沦丧，统领大军的王超既没有收复失地的愿望，更没有消灭李继迁部的打算，他马上就向真宗报告，并准备回师。

灵州知州裴济，已经在灵州履职两年。他上任之初，灵州已为孤城，由于从陕西转运粮草困难，灵州饥荒严重，城中每斗米要十贯钱。裴济上任后，安抚当地民众，开垦农田，老百姓的生活稍有起色，没想到这时又遭到了李继迁的围攻。在重重包围之中，缺乏粮食供应，也没有援兵的影子，裴济仍带领军民坚守了两个多月。危急之下，他刺破手指，用鲜血在奏疏上写字求救，但是赴援的王超部还在路上，灵州便被攻陷了，裴济遇难。

灵州陷落，救援大军已经无法发挥既定作用，真宗索性就势放弃灵州，将王超等部布置在沿边诸州军，以防备李继迁进一步侵扰。

当时的形势很严峻，面对李继迁的咄咄逼人，边臣请求加派士兵，以为防备。朝中大臣建议将河北、河东的民兵征为正规军，但宋真宗却颇踌躇，说之前初置民兵时，说好“永不充军”，现在“一旦籍之，是失信也”。吕蒙正等人说：“现在缺兵，除了取兵于民，没有别的办法。既然河北、河东不可，那么，就在河南诸州抽取吧。”真宗表示说：“河南安定已久，人民都不熟悉战斗，一旦征兵，难免会引起骚动。”但他又说：“可是卫士不足，取兵于民，也是不得已。”最终，真宗还是听从了吕蒙正等人的建议，在河南诸州征兵。

边臣除了征兵，还要求加强防御设施，但是这次，却未得到皇帝的支持。真宗对大臣解释说："修城既要耗费不少人力物力，又要增加驻军数量。现在将帅们已经各领重兵，分布在西北沿边，一旦有战事，可以互相应援。所以就没有必要'增筑城垒'了。"

做出不增筑城垒这一决定，固然有真宗所说的此时边境已有重兵这个原因，其实也是北宋君臣反复商量的结果。其过程，更是在清远军沦陷后，围绕是否应该在绥州筑城而展开的。这时，有边臣建议在绥州（今陕西绥德）建城，"屯兵积谷，以遏党项"。绥州距离灵州近千里，此筑城的提议，并不是为了直接救援灵州，只是为抵御李继迁可能的进一步侵扰。针对这个提议，宰执大臣们形成了三派意见。吕蒙正一如既往地不支持，不支持的还有两位参政王旦与王钦若。而另一位宰相向敏中和枢密院的官员，都予以支持。宰相李沆认为应该修，但是又担心给人民造成负担，首鼠两端。

面对众说纷纭，真宗认为，大臣们谁都没有亲临前线了解情况，这样争执下去，也难有定论，于是在当年十二月，派比部员外郎、直史馆洪湛等人前往视察，总结利弊。一个月之后，洪湛等返回开封，报告说："在绥州建城，有七个好处，有两个危害。"显然，是利大于弊，于是，真宗便决定修建绥州城。

真宗任命西上閤门使孙全昭为石、隰州兵马钤辖，负责筑城事宜。但孙全昭抵达之后，又报告说不该筑城。真宗又派钱若水再去察看，最终根据钱若水的报告，取消了筑城计划。据《宋史·钱若水传》：

> 时言事者请城绥州，屯兵积谷以备党项。边城互言利害，前后遣使数辈按视，不能决。时已大发丁夫，将兴其役，诏若水自大名驰往视之。若水上言："绥州顷为内地，民赋登集，尚须旁郡转饷。自赐地赵保忠以来，人户凋残，若复城之，即须增戍。刍粮之给，全仰河东。其地隔越黄河、铁碣二山，无

定河在其城下，缓急用兵，输送艰阻。且其地险，若未葺未完，边寇奔冲，难于固守。况城邑焚毁，片瓦不存，所过山林，材木匮乏。城之甚劳，未见其利。”复诣阙面陈其事，上嘉纳之，遂罢役。

钱若水最终说服真宗放弃修城的打算：一是绥州这个地方土地贫瘠，当年为北宋政府直接控制时，即便是丰收年景，所收赋税尚不足以养活当地驻军，还需要从别的地方调拨。如今在西夏治理之下，人民流徙，户口减少，若重新建城，则需要增加驻军，粮草供应，全靠内地，而从“河东”也即现山西境内调拨物资，要经过黄河，铁、碣二山，还要跨过绥州城下的无定河，一旦用兵，输送起来困难很多。二是绥州所处位置险要，若是在建设过程中，敌寇来袭，难于固守。三是绥州城曾经焚毁，片瓦不存，而附近又缺乏建城所需的大量木材。总之，要重建绥州城，所费多而所得少。

经过这样一番波折，重建绥州城的计划还是放弃了。也就是说，吕蒙正等人最初的意见此时成为宋廷边防战备建设的指导方针。

北宋的备战措施，确实避免了李继迁的正面进攻。在取得灵州之后，李继迁挥师东北，攻打麟州，四面围城达 5 天之久。知州卫居实以出其不意的屡次偷袭，搞得西夏军队风声鹤唳，草木皆兵，“自相蹂践，杀伤万余人”，解了麟州之围。

面对李继迁的不断侵扰，宋真宗采取守势，除增兵外，筑城尚且不许，更不用说收复失地了。咸平五年（1002）八月，时任环庆路都监的宋沆等人在没有与主帅商议的情况下主动出击，没有取得胜利并且遭到一定损失，他被环庆路部署张凝告发。真宗说：“宋沆等不请示不汇报，擅自出师，无组织无纪律，怎么能够奢求成功呢？万一战斗不利而奔溃，引发连锁反应，那西北的边防就令人担心了。”真宗的结论是“贪功失机，罪宜不赦”，给予宋沆等人以降职处分。

除了对边臣“生事”表示不满，对于前往前线视察情况的使臣，真宗也表示出不信任。就在宋沆被处分的同月，真宗对吕蒙正等宰执抱怨说：“很多臣僚奉命前往前线视察，对于当地官吏的评价，往往失实。不过这些把戏都骗不了我，等我暗中查明了情况，找到其中尤甚的，将其罢免，以儆效尤。”真宗接着说：“除了反映的情况不实，一些使臣还摆不正自己的位置。我派宦官前往陕西前线教导巡视，回来报告说，仪州的军士不配合，已经责罚他们了。我派宦官出使，只是叫他们教导巡视，并没有赋予他们自行赏罚的权力，他们竟敢自作主张！宦官们奉命外出，多作威作福，朕每每都先行告诫约束。然而边防的情况，又必须知道。我也试过派遣三班使臣出使，但是多畏避，不敢如实反映问题。前几年，灵州巡检王承序在边境杀人，负有监督之责的使臣竟不报告，于是朕给予他杖责降职的处分。从那以后，没有人再敢隐匿不言了。如今应该再向他们强调一次。”

正当宋廷君臣焦头烂额之际，咸平六年（1003）二月，河西吐蕃六谷部的首领潘啰支派使者来到开封。使者表达了对北宋朝廷的忠诚与对李继迁的不满，他历数了本族与李继迁斗争的事迹，说：“现在我们收到了李继迁送来的铁箭，让我们归附。李继迁声称自己已经归顺朝廷了，但我们不知道虚实。”使者还表示，希望和朝廷合力，收复灵州。

潘啰支的使者号称有骑兵六万，如果这支武装能够成为牵制李继迁的力量，对于宋廷显然是极大的助力。真宗找来宰相们商量此事。吕蒙正说：“之前已经封潘啰支为盐州防御使，这次可加封观察使。”防御使为从五品，观察使为正五品，吕蒙正的建议，仍是官僚系统最常见的按部就班。但是真宗此时却考虑得更远些，他说：“直接封为从二品的节度使，怎么样？之前，辽国为了羁縻收买西夏，封李继迁为平西王。虽然李继迁根本不足以担任王爵，但那只是承认西夏武装割据的既成事实，只不过是赋予个无实际意义的名分罢了。我常常担心，李继迁如果联合西部诸族与我为敌，将更加难以抵御。辽对于李继迁如此，我对潘啰支为何要吝惜一个虚名呢。”吕蒙正听后，表示赞同真宗的意见。真宗遂封潘啰支为朔方节度使、灵州四面都巡检使。

最后应该指出的是，宋真宗收买潘啰支的行动，取得了意外收获。在吕蒙正已经罢相后的景德元年（1004），李继迁在与潘啰支的战斗中负伤，不治身亡，此后，宋与西夏的紧张关系逐步得以缓和。

三、为抗击辽军侵略出谋划策

党项族李继迁的频繁骚扰，令北宋君臣不胜其烦。所幸他们军队的组织化程度不高，虽然时常让西北边境不安，但尚不能深入北宋境内掳掠烧杀。北方的辽国却与之不同，辽地域广阔，立国悠久，汉化程度高，一旦组织大规模南侵，往往给北宋河北地区造成极大祸患，直接威胁北宋首都开封的安全。年轻的宋真宗在继位的第三年，就不得不面对这种巨大的压力。

咸平二年（999）冬十月，辽圣宗耶律隆绪率军南下，时任镇、定、高阳关三路都部署的傅潜，手下有步兵、骑兵共8万多人，却闭垒不出，将校有请战的，都被他骂得狗血喷头。朝廷秘密派遣使者，督促傅潜出兵与北宋其他军队合击敌人，傅潜却不遵命。时任定州行营都部署的范廷召实在忍不住，当面指责顶头上司傅潜说：“您胆小懦弱得还不如一个老太太！”都钤辖张昭允也劝说傅潜出兵。傅潜最终迫于各方面的压力，让范廷召领8000骑兵在高阳关阻击敌人。因为兵少，范廷召向高阳关都部署康保裔求援，希望合兵对敌，康保裔便带领精锐前来。康保裔还在路上的时候，范廷召军已经与辽军遭遇，康保裔得到消息，急率精锐与范廷召会合。这时候天已经黑了，这两位宋军将领就约定等天亮后再与辽军战斗。然而不知道出于什么原因，这天夜里，之前责骂傅潜

“懦弱不如老妇”的范廷召，竟然不声不响地带着部队溜了，康保裔竟也没发现。等到天亮，辽军已经里三层外三层地将康保裔部包围了。在取胜绝无希望的情况下，手下劝康保裔更换衣服，准备突围。康保裔大义凛然地说：“临难不求侥幸逃脱，今天正是我以死报国的日子！”遂奋勇决战。经过数十次较量，康保裔杀伤了不少辽军士兵，但他的手下也死光了，箭也射光了，可是援兵仍未到来，康保裔最终被俘。

辽军乘胜进攻遂城，遂城城池小，又没有什么抵抗的准备，城内人心惶惶。所幸的是，负责这座城池守备的，是北宋著名将领杨业的儿子杨延昭，也就是《杨家将》故事里杨六郎的原型。他带领众人登城固守，等待援兵。恰巧这时候天气突然变寒，杨延昭指挥众人担水上城，浇灌在城墙上，水马上就冻成了冰，辽军没办法攀登上城，就放弃了进攻，移师别处掳掠去了。

在这样的形势下，真宗于咸平二年（999）十二月亲征，抵达澶州、大名府等地，这时候辽军已经出兵两个多月了，大概已经抢掠得盆满钵满，准备打道回府了。这两件未必就有因果关系的事情，被宋朝的官僚们硬扯到一起，言辽军“知帝亲征，乃纵掠而去”，将辽人的撤退归功于真宗的天威。

陷康保裔于绝境的范廷召，看到辽军已经回撤，赶忙在莫州和北返的辽兵打了一仗，“丁亥，范廷召等追契丹于莫州，斩首万余级，尽获所掠，余骑遁出境”。

咸平三年（1000），辽没有再度南下。但是，宋朝的防御却未敢放松。吕蒙正于咸平四年（1001）三月入相之后，君臣屡屡讨论防备辽国的话题，包括选用将领、战略战术部署等。吕蒙正多次为抗击辽军侵略出谋划策。

咸平四年（1001）四月，真宗提了一批将领的本官，保州刺史杨嗣、莫州刺史杨延朗并为本州团练使，北作坊使、绣州刺史张凝为赵州刺史，南作坊使、高州刺史李继宣为西上阁门使并领康州刺史。

真宗对于自己选人用人的本领非常自负。任命颁布后，他特别向宰执们夸耀说：“张凝是太宗皇帝的藩邸旧臣，还有人向我称道他的才能。像杨嗣、杨延朗这样的远方臣僚，在朝廷并没有什么亲旧，与朕也没有什么渊源，但能够以忠勇效命，朝廷中有不少人排挤他们，都是因为朕的努力保护，他们才能够升到这个位置啊。李继宣的本领虽然不如前面几个人，但是也谙熟边防事宜，也算难得了。”

半年后的十月初一那天，真宗又一次得意地和吕蒙正等宰执说起，自己拔擢的军校中有不少人很称职。他说：“在众人当中选拔有才能的人，真不是件容易的事。朕常常不懈地寻访，希望能够有所收获。之前在军校中破格提拔了八九个人，让他们全权负责一方的事务。其中王能、魏能等人都很尽力，陈兴、张禹珪也小有名气。”吕蒙正等人当然只有赞扬皇帝英明的份儿了：“选材不能求全责备，现在选拔人才能得其半数，已经可见陛下有知臣之明了。”

辽军时常趁着秋季南下，所以，防备辽军南下，即所谓的“防秋”，几乎成为北宋前期的一项例行工作。在这种局面下，对武将的倚重有其必要性。但由于宋太祖是靠军事政变起家，嗣后两宋的历代皇帝，对于武将都始终持有警惕之心。即使是在戎马倥偬的战时，真宗也始终不能对领兵将领给予完全信任与充分授权。他曾说过这样一段话，颇能表明其内心想法：

> 上与辅臣论边事，指秦始皇、汉武帝得失，因言：“方今州兵亦不可太盛，须防之于渐。唐自明皇后，藩方逐帅，坐邀旄钺，河朔三镇，终不能制。此可为监戒也。”

由此，真宗全盘承袭太宗“将从中御”的做法就不难理解了，其主要表现之一就是真宗提前在首都假想战况，亲自部署军队，并将这种部署以“阵图”的形式固定下来，交给将领执行。

咸平四年（1001）六月，真宗拿出一份阵图，展示给宰相吕蒙正等人，说：辽侵扰我国的边境，常常派遣精强勇猛的战士为先锋，若我军不能抵御，就会使疆土百姓受到侵犯。现在我们也优中选优，组建一支精锐部队，来抵挡敌军前锋的冲击，他们精锐的前锋受阻而退，其余的人见了自然就不敢前进了。敌人又常常派出骑兵，绕到我军之后切断我们的粮道，我们可选派一名将领指挥数万骑兵殿后，以防备敌人的阴谋。

但是，战场形势往往瞬息万变，在既没有参考战时情报，又缺乏因地制宜的情况下制定的阵图，往往只能束缚宋军手脚。真宗在咸平四年（1001）六月制定了阵图，十月，辽军南侵，前线军兵就准备按阵图迎战。十一月，前线传来捷报，宋军获得长城口之捷。

两天后，宰相吕蒙正率领百官，向皇帝祝贺。但是，这次取得胜利，并不是完全遵照宋真宗“阵图”行动的结果。恰恰相反，是将帅根据当时情形，违反既定部署行动的结果。这事就显得有些吊诡了，一方面，取得了胜利，理应给予奖赏；但另一方面，宰相吕蒙正指出，这次胜利“杀戮虽多，然违陛下本旨”，虽然取胜，却违背了皇帝的既定部署，即便不给予惩罚，也不应给予奖赏。而且吕蒙正的意见，并不是他一个人的，而是“众议”的结果，这班官僚的僵化保守可见一斑。不过这次，真宗表现得倒还大度，表示虽然没有按既定部署行动，但前锋部队抓住了时机，消灭了敌人，还是应该奖赏的。

长城口之捷后，辽军虽然一度南下到满城附近，但也很快撤退。危机解除后，真宗君臣就开始总结这次防御的经验教训了。

咸平五年（1002）正月，真宗在便殿接见宰相吕蒙正等人，说：“每年秋天防备辽军入侵，将所有部队集结在定州，这是国家之前的一贯做法。若是分散屯戍，又恐怕兵力单薄，难以抵御敌人的进攻。去年集合军队，布列阵势，逼近到边境线，又有人说这样粮草供应很难跟上。朕每次接见将校，都要仔细询问，认真听取他们关于边防的意见建议，但是得到的回答，多是一些众所周知或已经实行的情况，不能提出更好的办法。国家军事力量的情况，爱卿等都知道。现在已经是春天了，我们抓紧准备，还恐怕来不及。中书、枢密院各自发表一下意见，今年的防秋应该怎么布置，分条列举，向朕报告。”

在冷兵器时代，中原政权防范来自北方游牧民族的侵扰，确实不是一件容易的事情，特别是像北宋防范辽国。自从五代后晋时，辽人取得燕云十六州之后，中原王朝就彻底失去了地理上的屏障，广阔平坦的华北平原，几乎成为游牧民族任意驰骋的天地。北宋知雄州何承矩曾这样总结北方民族连年南侵的原因：

> 契丹轻而不整，贪而无亲，胜不相让，败不相救。以驰骋为容仪，以弋猎为耕钓。栉风沐雨，不以为劳；露宿草行，不以为苦。复恃骑战之利，故频年犯塞。

针对这些不利条件，北宋君臣也开动脑筋，思考能够长久御敌之策。收复燕云十六州，凭借长城天险抵御辽军铁骑，当然是最好的。可是，太宗高粱河之败、雍熙北伐之败，教训历历在目，让真宗不敢轻举妄动。于是退而求其次，有臣僚建言在河北广泛开掘沟渠，以阻遏骑兵的奔冲。真宗就此征求吕蒙正等人的意见，说：“太宗朝，翰林天文官孙士龙曾经请求在河北沿边营造方田，让百姓修建沟渠和田埂，可以阻碍骑兵南下，当时遭到了众人的反对。近来殿直牛睿，又向朕提起这事，卿等意见如何？”吕蒙正回答说：“当年太宗已经任命了主办的官员，但是大家都觉得这事劳民伤财，好处不多，武臣也觉得靠这个来阻挡敌人，是一件耻辱的事情，所以最终没有施行。”真宗说：“这个建议，确实是能够阻挡敌人的好办法，但是近年来边境不安宁，老百姓已经承担了不少的负担，不能再增加了，让相关部门慢慢筹划吧。”

除了上述见诸史籍的防御办法，其实当时的北宋边境军民，还采取了为史书所不载的其他方法来抵御入侵。如位于现在河北省境内的宋辽边关地道，就是北宋政府组织军民统一建造的大型地下军事工程。该地道规模大，横跨今天的雄县、霸州、文安、永清、固安五县（市），东西长约 65 千米，南北宽约 25 千米。地道结构复杂，延伸长，类型多。洞体由规格与质量统一的青砖构筑而成，洞内高矮各异，宽窄不一，延伸曲折，走向不定。地道中，既有为我所用的宽大的藏兵洞，又有针对敌人的窄小的迷魂洞、迷障巷道、翻板等设施。洞内还备有通气孔，有放灯台、蓄水缸、土炕等生活设施。这项工程在当时是高度机密的，为北宋已降的历代文献所不载。今天，面对这沉睡千年的历史遗迹，我们不禁感叹于当时北宋军民的智慧与努力，也令我们不难想象当时辽军入侵的为害之烈。

之前，真宗让中书、枢密院就"防秋"的布置给出建议。宰执们商议的结果，是"会兵于保州北徐、曹河之间"。真宗又让在外带兵的将领们给出意见，前线将领们的意思，和两府的意见相当一致：假若辽以倾国之力大举入侵，声势较大，则应该"会兵于保州北徐、曹河之间"。若敌方君主并未亲征，则只让宋朝三路官兵呈犄角之势，分别迎击。还有将帅建议，在沿边地区增加驻军，如果辽军南侵，则宋军也进入辽国境内，攻其后方。

咸平五年（1002）六月，真宗把将帅们献上来的奏章拿给两府大臣们看，通报情况，征求意见。关于粮草运输储备，吕蒙正等建议"令转运使于保州、威虏、静戎、顺安军预积刍粟"，得到了真宗的批准。

战略部署已定，也安排了转运使预备粮草，下面就是要任命将帅了。同月，在吕蒙正等两府大臣的推荐下，真宗任命了刚从陕西前线返回的王超为定州路驻泊行营都部署，实际负责对辽的防御工作。在任命之前，真宗与王超之间有过一段关于作战思想的谈话。

初，马步军都虞候王超自永兴召还，上问以北边事，超言："今岁出师，请止如去岁规画。若欲交战，则宜寨于保州北、威虏军南。”上曰：“不须力战，但控扼备御，不失机便可也。”超曰：“去岁于大阵之外，别招奇兵，谓之前阵。今岁令都部署统之。”

在谈话中，真宗指出，指导思想是防御而不是主动出击，“但控扼备御，不失机便可也”。此外，王超说：“去年除大阵之外，还有所谓诸先锋、前阵，今年希望都能归都部署统一指挥。”真宗对于这个提议是颇为踌躇的，他对吕蒙正等人说：“今年，大阵之兵额，已较去年增加不少。于大阵之外设立先锋，不归都部署统领，本是想起到出其不意的效果。现在各位推荐王超为都部署，假若王超接受任命之后，坚决请求先锋也归他指挥，该怎么回答他呢？”真宗的担忧，其实不难理解。咸平二年（999）辽军南侵之际，傅潜拥重兵却畏懦避敌的事情刚过去3年，殷鉴不远，真宗怎么还会将所有的鸡蛋放进一个篮子里面呢？

吕蒙正等人说：“这个坚决不能答应。”真宗说：“既然赋予将帅外出带兵之责，所请求的事项又怎么可以不答应？朕只是担心王超是否有足够的能力统领所有的部队，各位宰执再将王超叫到中书、枢密院，看看他的计划到底如何。”

所幸，王超的计划得到了两府宰执们的一致认可，宰执们众口一词，说以王超的能力，做一名统帅是没问题的。不久，真宗任命王超为定州路驻泊行营都部署。随军派出的监军是宦官头目韩守英。临行前，真宗特别嘱咐韩守英“汝腹心之臣，远戍边鄙，切须尽心，令上下辑睦。若知敌中事宜，尤当详审，不可虚发士马，以致扰动”。这段话有两个意思：一是要团结，二是要看准时机再行动，不可轻举妄动。

这时候，高阳关都部署出现了空缺，这个位置也很重要。咸平二年（999）不幸被俘的康保裔，当时就担任此职。这时在外的将领中没有合适的人选，宰相便建议派遣朝廷中级别较高的宣徽使出任此职。当时的宣徽使有两位，真宗认为南院使周莹“颇习军旅事”，让周莹担任此职，“仍兼三路都排阵使”。

对于将帅，虽然内心有挥之不去的猜疑，但是表面上，真宗还是摆出了一副“宠幸”而言听计从的姿态。不但同意了之前王超统领诸先锋的要求，甚至对于周莹犯了过错的部下，也大度涵容。当时周莹手下有一个叫钱仁度的，“颇扰军政”，大概是不守军纪之类，并且“与虎翼小校刘斌相竞”，参与打架斗殴，被人告发。但是，真宗“诏勿问，止徙它军”。

一切布置妥当之后，真宗又对大臣们表达了自己的决心，他说：“之前北敌入寇，人民流离失所。今年如若再来，我一定到边境亲征，将敌人赶出国境，让百姓安居。”话说得很慷慨，但是敌人尚未到来，形势也没有坏到非皇帝亲征不可的地步，所以吕蒙正等都劝真宗说：“还是应该精选将帅，让他们来效力，陛下您就不要亲自去了。”真宗想想，便也放弃了亲征的想法，说：“既然你们不让我去，那你们就要给朕想出个万全之策啊。”

就在宋廷君臣整军经武之际，大概从咸平五年（1002）六月开始，开封周边不少军州发生了严重的水涝灾害。北宋虽然在河北集结了大量军队，却并没有主动发起进攻，这也避免了更多的人力物力消耗，对于保全受灾地区的人民生活，发挥了很大作用，吕蒙正对此给予充分肯定。

> （咸平五年七月）宰臣吕蒙正等因对言：“昨中山会兵，不深入讨贼，盖所全者大。”上曰：“民惟邦本，本固邦宁。朕熟计之，北鄙屯盛兵，止为庇民耳。”

这年，辽军没有发动大规模入侵，因为“防秋”的就位，零星的侵扰也都遭到北宋军民的有力抵抗。十一月，河北沿边诸州报告说，辽兵都已经散去了，边境一派宁静。真宗之前曾预料是这样的局面，这时得到报告，他不无得意地说：“我就知道他们是虚张声势。”宰执大臣们当然要赞颂一下皇帝的英明，说：“陛下之前不着急派遣押阵使臣，不着急摆成战斗队形，实在是料敌如神，英明伟大啊！”

事实上，真宗虽然坚持防御为主的战略方针，但是内心未尝没有羡慕前代武功的念头。咸平四年（1001）十一月的一天，他对身边大臣说："从前汉武帝讨伐匈奴，逞一时之志，不顾国家的困苦穷乏，不足为训。但是到汉宣帝时期，天下无事，四方臣服，也是因为汉武帝讨伐的余威所致啊。"

吕蒙正等人当时并没说什么，但是唯恐真宗有穷兵黩武的想法，应该是没有疑问的。半年多之后，咸平五年（1002）六月，吕蒙正趁着一次面见的机会，将当年对太宗说过的一番话，拿来劝诫真宗：

> 戊寅，吕蒙正因对，言："唐太宗征高丽，亲负土，不能克其城而旋。隋炀帝伐辽，致寇盗群起。前监不远，唐太宗踵而行之，识者所不取也。"上深然其言。

"上深然其言"，大概真宗也认识到，自己"生于深宫之中，长于妇人之手"，根本无法与汉武唐宗比肩。北宋的武力不振，更是远在汉唐之后。"四夷宾服，万邦来朝"的美梦，只能想想算了。

四、体恤民生

咸平四年（1001）五月，真宗在审阅死囚名单时发现当年前3个月全国被判处死刑的竟达800人之多，不禁感到很难过，他对宰相们说："法律规定可以判处死刑的情况很多，官吏若不用心，难免冤枉。古人非常重视死刑的核准，审判结束后，有关部门要三次覆奏，才能执行，不知道从什么时候开始，取消了这样的规定？"真宗下令让有关部门检讨相应规定的沿革。

"三覆奏"的制度，虽然可以在一定程度上避免冤假错案，但是付出的行政成本过高，很容易导致迁延不决。吕蒙正这群宰执大臣对真宗的提议，大概是既未表示赞同，也没表示反对。皇帝怜悯百姓，当然不能泼冷水；但是稍有行政经验的官僚，都能想到由此带来的效率问题，似乎也不好赞同。最终的结果是，虽然真宗的愿望是好的，“终虑淹系”，结果仍然没能重新执行。

八月，宋真宗到北郊察看庄稼长势，并到含芳园聚饮习射。开封的老百姓看到真宗，高兴得欢呼雀跃，高呼万岁。宰相吕蒙正说：“百姓的态度是不能强制改变的，现在老百姓看到陛下您如此欢呼雀跃，是因为您治理天下已经5年了，一直对老百姓仁爱体恤，所以老百姓才如此感激爱戴。”面对吕蒙正的恭维，真宗说：“下民但不扰之，自然快乐。”这与吕蒙正非常推崇的“以黄老之道行清静之治”高度契合。从这句话也可以看出，此时的真宗是有着冷静的头脑与爱民的情怀的。

吕蒙正接着又说：“今年秋天将要大丰收，天下太平已经不远了，这真是莫大的吉兆啊。”真宗则由近及远，谈到了边境的情况。他说：“边境并不安宁，让老百姓负责输送军粮物资，实在是不得已。要是能选将练兵，驱逐敌寇，使他们再不敢侵略，让边疆的老百姓也过上和平丰收的日子，那该多好啊！”

君臣的这番对话很感人，但君臣在开封北郊看到的“时和年丰”的景象，却没能出现在河北地区。就在当年年底，河北发生了大面积的饥荒。接到报告后，真宗向宰执们通报情况，他拿着灾区送来的麻滓、蓬实，对宰相说：“老百姓已经吃这些了。”当即下令蠲免河北地区的秋税，取消官方的粮食收购。并且由于长城口之捷后，辽军进攻的压力已经减轻，真宗还下令停止和减少了一些在河北的战备措施。同时，派遣臣僚前往灾区，“发仓廪，赈流民”，开展救灾工作。此外，真宗还鼓励当地富人赈济灾民，“能发私廪救饥民者，第加恩奖”。

一个月之后，派往河北救灾的知制诰梁颢等回到开封，带回了灾情加重的消息。之前老百姓还有麻滓、蓬实可以充饥，而这次梁颢带回了野生牢豆，说已经有灾民开始吃这个了。真宗对吕蒙正等人说：“这豆干硬苦涩，怎么能吃啊？我还听说乾宁、定远等军农田被水淹，百姓连这个豆子也吃不上，真是可怜。”真宗指示说：“乾宁军的惠民仓尚有万余斛粮食，可以用来赈灾。”

事实上，河北饥荒的严重程度，绝不是吃牢豆那样轻描淡写，我们从权管干通进银台司、兼门下封驳事田锡于正月三十日所上的一篇奏疏中，可以更加清楚地了解当时的可怕景象，他说：“自二十六日至今，又据莫州奏饿杀一十六口，沧州奏全家饿死一十七户。”不过短短 5 天时间，就有上百的灾民饿死。田锡说，目前采取的政府低价售米的措施还不够，他请求皇帝下诏罪己，并请责备甚至罢免宰相。

下诏罪己，摆出一副痛心疾首的爱民姿态，是历代统治者面对大灾害时赢取民心的惯用手法。而罢免宰相，既可以让宰相承担责任，也表明了施政路线改弦更张的开始，在某种程度上也可以消弭不满。换作太宗，面对如此状况，更换宰相的可能是很大的。但是真宗却不同，此时真宗即位尚不到 5 年，年仅 34 岁，而宰执大臣们，吕蒙正是太宗亲擢，已经是第三次入相，威望极高；李沆不但在太宗朝做过参政，而且事实上是真宗的老师，真宗是不可能像田锡建议的那样当面责备甚至罢免宰相的。真宗所做的，只是继续赈灾而已。二月，真宗派遣宦官前往受灾严重的地区，“为粥以赈灾民”。

因有了政府的施粥救济，加之春天来临后，万物复苏，灾荒中的老百姓总可以找寻些东西果腹，这场饥荒就慢慢过去了。没想到，到了咸平五年（1002）的夏天，中原地区连续下起大雨，不仅引起了京城内涝，而且附近诸州也遭灾。

京城里，雨水浸泡导致房屋坍塌，还压死了居民。军营中也都有积水，士兵不得不临时转移到地势较高的官署驻扎。对于死难者家属和士兵们，真宗下令给予抚恤。面对灾害，真宗忧虑地对大臣们说：“出现水灾，是不是施政有所不当啊？是不是民间疾苦没有上达啊？爱卿们要好好想想存在哪些问题，才造成这么严重的灾害啊。”

到七月，水灾仍在继续，《长编》记载当时开封城内的情形说：“时都下积潦，自朱雀门东抵宣化门尤甚，有深至三四尺，浸道路，坏庐舍。”真宗君臣接着采取了进一步的救灾措施，包括派遣使者修葺损毁的军营，京城内其他在建工程一律停工。开封之外诸州军营有遭受水灾，士兵在外服役而家属在军营中的，赐予钱财。派遣使者到开封城外视察，寻找陂池古河道，来疏导城内的积水。

朝廷在开封，一方面救灾赈济，一方面疏通河道。虽然生产生活受到很大影响，但秩序还是安定的。而附近地区的情形就有些令人担心了，饥饿的灾民竟有起而为盗的，真宗不得不下令，近京诸州每州派使臣一人，带领士兵武器，负责巡警，维护治安。

到当年十一月，水灾的阴影渐渐远去了，真宗举行了郊祀大礼。最初商议举行此礼的时候，负责财政的三司使王嗣宗等人以郊祀所需经费过多为理由，建议简化仪式，只行谒庙之礼，但是遭到了吕蒙正的反对。吕蒙正反对的理由是，前代停止郊祀而只谒庙，都是因为发生灾害，如今“无故罢祀，典礼无据”，是从奉行“祖宗之法”的角度考虑，觉得不符合规矩。宋真宗也反对简化仪式，他的理由不仅仅是吕蒙正所说的“典礼无据”，更重要的是，简化仪式省不了多少钱却显得缺乏事天的恭敬与虔诚。当然，真宗并不是挥霍无度，他下令，除祭天礼仪，即所谓“禋祀”所需之外，其他的可以简省。典礼过后，真宗大赦天下，并减免了各地所欠的名目繁多、数量巨大的赋税。

郊祀活动在当时有着特殊的意义，除了向天下申明“受命于天”的执政合法性，郊祀活动后对百官的加恩，对于天下百姓欠官债务的蠲免，对于赢得民众支持，对于维护政权稳定，都有着积极意义。

郊祀很顺利，典礼当日的天气，也由阴沉转为晴朗，礼成之后，又下了一场大雪。这些都被看作是极好的兆头。宋真宗不失时机地勉励宰执们说："好兆头一件接一件，既是寡人真诚奉天、上天垂佑的结果，也离不开各位辅佐的功劳，来年的丰收有望了啊。"

南郊祭祀结束后，百官加恩。以皇子玄祐为左卫上将军，封信国公。吕蒙正等"执旧典，请加王爵，上不许"。尊重惯例，注重规矩，是吕蒙正为人行事一以贯之的重要特征。

吕蒙正的本官，也由左仆射晋升为司空，两者都是宰相的迁转官阶，此次也属例行晋升。关于此事，还有一点小小的波折。按旧例，本官为三师、三公、左右仆射而任宰相的，还应该兼任两省侍郎，但是负责起草内制的翰林学士宋白、梁周翰却忘记了这条规定。为弥补这个失误，宋廷又特别在十二月任命吕蒙正、李沆为门下侍郎。两位翰林学士也因此被"各罚一月俸"。

咸平五年（1002）年底，君臣还谈论过一件小事，虽与民生无涉，却可见宰相"事无不总"的地位。宋代从皇帝到百姓，都以羊肉为贵。北宋皇帝"饮食不贵异味，御厨止用羊肉"，对羊的消耗巨大，但大部分羊要靠进口或者从沿边军州引进。这年年底的时候，有关人员一次性从辽人手中购买不少羊，以至于如何豢养放牧，竟然让真宗犯愁。吕蒙正自幼在洛阳长大，不久前又在那里生活 5 年多，对于洛阳的情况，是熟悉的，他说洛阳南有广成川，"地旷远而水草美"，可以作为牧地，真宗特意派人去察看。

五、向敏中尴尬下台

咸平五年（1002）十月，三相之一的向敏中被罢免，其原因是一个寡妇的改嫁。

这位寡妇姓柴，是左领军卫将军薛惟吉的续弦。这位薛将军是太祖朝宰相薛居正的侄子，曾历任知澶州、扬州等地，"所至有能声"，然而在“齐家”方面，显然不行。他于至道二年(996)去世，柴氏在6年后，收拾家财，准备改嫁。准备迎娶她的，也非等闲之辈，竟然是在太宗、真宗朝两次为相的张齐贤。此时张齐贤以右仆射判永兴军兼马步军部署，张家已经从西安派人来开封迎娶，出发的日子都定了。然而，改嫁这事并不是那样简单，柴氏嫁给薛惟吉后，并没有生下一儿半女，但是薛惟吉的前妻，曾为他生育了薛安上、薛安民两个儿子。柴氏与安上、安民两人，向来关系不好。准备改嫁时，柴氏准备偷偷把家里据说价值3万缗的财物，还有书籍、皇帝颁布的诏令文告之类都作为嫁妆带走。薛安上兄弟俩当然不愿意，跑到开封府告状，这案子涉及如此多的重要人物，时任权知开封府的寇准也不敢擅自处理，便将这事报告给真宗。真宗本不想通过法律手段处理，就让司门员外郎张正伦讯问柴氏。但是柴氏的回答与薛安上的控诉对不上，真宗没办法，只好将此事交给御史台处理。

事情发展到这里，也不过是一场家庭纠纷。没想到柴氏忽然击登闻鼓，告御状，说现任宰相向敏中以远低于市场的价格抵押了薛惟吉的旧府第，又曾经表示想迎娶自己，因为柴氏不同意，便唆使薛安上诬告，并且对薛安上暗中庇护。真宗向向敏中求证，向敏中说：“确实借给薛安上500万钱，以其府第为抵押。最近刚刚丧妻，不打算再迎娶了，没有向柴氏求过婚。”500万钱相当于5000贯，在当时购买一所府第应该算是相当公平的价格。

向敏中既然这样说，真宗当然认为宰相的话比一个寡妇的话更可信，也就不再过问了。柴氏却不依不饶，愈发起劲地喊冤，御史台审讯的结果，原来是张齐贤的儿子、时任太子中舍的张宗诲让柴氏这样说的。又审问柴氏的奴婢，找到了藏起来的钱财，这笔钱本是不想让安上兄弟知道，将来要作为柴氏的嫁妆偷偷带走的，总计有两万贯。薛安上兄弟不怎么成才，之前大概因为分家产还手足反目过，为此真宗曾特别下诏禁止他们出卖其父祖遗留给他们的资产。向敏中要求以房产为抵押借钱给薛安上，已经是违规了，他还要求薛安上每天要支付利息钱两千，算下来每月要交纳 60 贯，以 5000 贯本金计，月息已经有 1.2% 了，在当时虽不算最高，但也是属于中等偏上的水平了。御史台官员索要、查验质屋借钱的契约，契约上向敏中的签名不一致，涉嫌临时伪造。

身为宰相，借钱给别人，并且要对方以低价抵押皇帝明令禁止抵押出售的府第，收取较高额的息钱，已经是有辱斯文了，偏偏这个时候有人揭发，向敏中对真宗说的不想续弦，也是假话。时任盐铁使的王嗣宗憎恶向敏中很久了，一次面见真宗时，王嗣宗打小报告说："向敏中打算迎娶驸马都尉王承衎的妹妹，已经私下里约定好了，只是还没有送求婚礼物。"真宗便向王承衎的妹妹求证，竟然得到了肯定的答复。真宗这下火了，当面责备向敏中说谎。因为上面这些乱七八糟的事情，向敏中被罢相，张齐贤、张宗诲父子被贬官，柴氏因为是功臣遗孀，交纳铜钱八斤抵消过失。薛安上因为违诏抵押居第，挨了一顿板子。真宗命令以搜得的钱财赎回薛安上的居第，并让有关部门时常纠察。

事情过后，真宗与宰相吕蒙正曾就此事有过讨论，真宗认为："向敏中所负如此，腾于清议，不可不加黜免。朝廷进退宰辅，亦非细事，卿等更思持正守道，以辅朕躬。"真宗在言说向敏中行为过分，不能不罢相之余，亦是警醒吕蒙正要持正守道以辅佐他。

六、罢相归洛

吕蒙正第三次任相期间，没有第二次任相期间那样犯颜直谏的记录，这很大程度上是因为真宗并不像太宗那样事必躬亲，凡事喜欢自作主张，也不像太宗那样喜欢自我夸耀。

有宋一代，文治大兴，名家辈出，文人宰相也成为一道独特的风景。北宋"凡一百六十七年，居相位者七十二人"，这 72 人中，能够三次入相的，屈指可数，吕蒙正便是其中之一。吕蒙正能够得到太宗“蒙正气量，我不如”与真宗“性淳厚”的评价，说明他是一个正直、宽厚、有涵养的人。

咸平四年（1001）第三次入相时，吕蒙正58岁，至咸平六年（1003）吕蒙正已年届花甲。按理说，以吕蒙正的品格与能力，以真宗对他的垂青，还可以再继续任相一段时间的，但是，他的身体状况已经不允许了。

咸平六年（1003）三月，吕蒙正遭遇了“期功之丧”，但是是哪位亲属过世，史无确载。根据家族关系推测，逝者很可能是吕蒙正的亲叔叔吕龟祥。嘉靖《寿州志》记载吕龟祥的事迹说：

> 吕龟祥，其先河南洛阳人。父孟奇，户部侍郎，生二子，长龟图，次龟祥。宋太平兴国二年，龟祥登进士及第，为殿中丞、知寿州。有惠政及民，民爱留之，不忍舍去，遂家焉。长子蒙亨，举进士；次子蒙选，虞部员外郎；三子蒙周，进士及第。其后子孙皆至显官。

因为亲人的去世，朝廷赐给宰相吕蒙正一些财物，即所谓的“赙赠”，吕蒙正想谢绝，但是真宗还是坚持让他收下了。

不久，咸平六年（1003）五月，吕蒙正忽然得了眩晕病，而且症状不轻，真宗亲自探望，表示慰问并“赐白金五十两”。过了十天之后，仍然没有好转，吕蒙正就上书求罢相，真宗没有同意。

宰相主动请求罢相，帝王一般也不会甫一申请就答应。第一次上书求解职，真宗不允，吕蒙正就再次上书。这次，真宗还是不允，并且派同为宰相的李沆向吕蒙正表示挽留。李沆传达真宗挽留之情的第二天，吕蒙正又上了第三道奏疏，请求罢相。真宗仍旧不允，还派宦官带着手书安抚慰问，并赐予名药等物。

假若宋真宗是做戏的话，一般这样请求三次，拒绝两次，也差不多表达出对臣子的不舍之情了，第三次就可以体面地宣布罢相了。但是真宗的表现，可以让人感受到他对于吕蒙正的眷恋是真诚的。

吕蒙正因病无法履职，请求罢相皇帝又不批准，就只有告假一途了，这假一请就是几个月。北宋官员一般可享受100天的带薪病假，如果官员告病满百日之后，仍未痊愈，需继续请假的，则要停止发放俸禄，所谓“百日停俸，著在旧章”。吕蒙正是在五月开始请假的，到八月初，已满百日，按例要停止发放俸禄了，但是真宗为示优宠，特命负责财政的三司继续发放。但关于此事的记载，《长编》似有缺漏，颇不合惯例，后一括号内文字，为笔者试添：

> （咸平六年八月）己巳，宰相吕蒙正自五月即（在告，假满百日，合）罢所请俸，诏三司续给之。

到九月，吕蒙正的眩晕症状仍未好转，吕蒙正“七上表求退”，连续不断地请求罢相。病无好转的迹象，本人又去意已决，真宗最终只得同意了。罢相的同时，将吕蒙正的官阶由司空晋升为从一品的太子太师，封莱国公。

吕蒙正的罢相制书，主要是说明了因疾病而去位，并且本人多次请求云云。《吕蒙正罢相除太子太师莱国公制》：

> 国有承弼，时惟股肱。入既赖于告猷，退亦全其养素。具官吕蒙正，文雅之行，簪绅所推。出入两朝，扬践三事。经百度之繁会，集九功之惟和。夙夜致勤，腠理生疾。愿辞衡石，屡削疏封。重违至怀，式隆优命。

吕蒙正自咸平四年（1001）三月第三次拜相，至咸平六年（1003）九月罢，入相二年半。罢相后，吕蒙正又在开封养病一年半，直到宋辽澶渊之盟签订后的景德二年（1005）二月，方才返回洛阳。此后，吕蒙正又在洛阳生活了六年，直到去世。

吕蒙正罢相后，中书只剩下一位宰相李沆，而李沆也不幸在第二年（1004）七月于任上病逝。八月，真宗任命毕士安、寇准为宰相。任命寇准做宰相，很多人是不赞同的。任命发布之前，真宗与毕士安之间有过这样一番对话：

> 初，士安既拜参知政事，入谢，帝曰："未也，行且相卿。"因问："谁可与卿同进者？"对曰："寇准兼资忠义，善断大事，臣所不如。"帝曰："闻其好刚使气。"对曰："准忘身殉国，秉道疾邪，故不为流俗所喜。今中国之民虽蒙休德涵养，而北兵跳梁，为边境患，若准者正宜用。"帝曰："然。"故有是命。

毕士安被任命为参知政事，入谢皇恩之际，真宗说："这只是第一步，马上还要任命你做宰相。"真宗问毕士安说："你觉得谁可以与你一起当宰相呢？"毕士安说："寇准有忠有义，善于处理大事，我比不上他。"真宗说："听说寇准这个人'好刚使气'。"也就是只认原则不讲情面。用此时正任参知政事的王旦的话来说，就是"准诚贤能，无如騃何。"这个评价曾得到真宗高度认同，所谓"騃"，就是有些呆气。

吕蒙正在第三次为相期间，对寇准印象似乎也不佳。吕蒙正致仕后在洛阳养老期间，景德三年（1006）十一月，当时寇准已经被罢相，真宗与时任参知政事的冯拯有过这样一番谈话：

> （景德三年十一月）己未，上谓辅臣曰："执政之地，百僚具瞻，品藻拟伦，当务公共，轻语寡信，怨是用长，不可不戒也。寇准之居相位，多致人言，岂不由此？"冯拯曰："吕蒙正尝云：'准轻脱好取声誉，不可不察。'"上因言："蒙正性淳厚，李沆温和寡言，尝廷议政事，而向敏中独无言，沆乃曰：'敏中素同此议，何得对上缄默？'亦足见沆之纯诚也。"

吕蒙正对寇准"轻脱好取声誉"的评价，显然是在真宗与冯拯都在场的情况下说的，冯拯能够与闻真宗与宰相吕蒙正关于寇准的谈话，是因为冯拯在咸平四年（1001）十一月被任命为同知枢密院事，进入宰执大臣的行列。吕蒙正对寇准做出如此评价的时间，显然是在咸平四年十一月之后，咸平六年（1003）九月因病罢相之前。

吕蒙正对寇准有这样的评价，并不难理解，吕蒙正的循规蹈矩与寇准的落拓不羁是有着鲜明对比的。寇准虽然在确立真宗皇储地位与签订澶渊之盟两事中立有大功，却始终难以在朝廷久居高位，就与他颇招人议论的作风有关。

每个人物，不管是何等伟大的人物，其实都存在着多个面向与多种评价。寇准确实有相当不少的缺点，但是也有突出的优点，他的果敢与担当，在他任相之后不久，便显露无遗。

景德元年（1004）九月，寇准刚刚任相一个月，萧太后与辽圣宗就亲率辽国大军南下，深入宋境。有大臣主张避敌南逃，真宗犹豫不决，危急时刻，宰相寇准力排众议，劝说宋真宗御驾亲征，至两军对垒的澶州（河南濮阳）督战。宋军以床子弩射杀了辽将萧挞览，大挫辽军士气。两军对峙，旗鼓相当，双方遂于景德元年年底订立和约。这次宋辽和议，史称“澶渊之盟”。澶渊之盟的签订，开启了宋辽两国将近120年的和平局面。

吕蒙正年届花甲又久病不愈，大概是很想回到故乡洛阳颐养天年的，他在洛阳“有园亭花木”，有亲朋旧友。因为宋辽战事，他一直留在开封，澶渊之盟签订后，朝廷内外宴安，吕蒙正于是提出回洛阳的请求。

> （景德二年二月）太子太师吕蒙正请归西京养疾，诏许之。丁未，召见，听肩舆至殿门外，命二子光禄寺丞从简、校书郎知简掖以升殿，劳问累刻，因言：“北戎请和，从古以为上策。今先启诚意，继好息民，天下无事，惟愿以百姓为念。”上甚嘉赏之，其二子皆迁官。

“天下无事，惟愿以百姓为念”，这可谓是吕蒙正对皇帝的政治遗嘱了。但不幸的是，真宗后来在王钦若等人的怂恿下，崇奉道教，天书屡降，东封西祀，演出了一幕幕闹剧。南宋朱熹就批评说：“真宗东封西祀，靡费巨万计，不曾做得一事。”当然，对于身在洛阳养老的吕蒙正来说，已经是“不在其位，不谋其政”了。虽然眩晕的毛病似乎一直没有祛除，但也只是走路会受到影响，吃喝聊天都没问题的，这段日子他过得蛮惬意的。《宋史·吕蒙正传》载：

蒙正至洛，有园亭花木，日与亲旧宴会，子孙环列，迭奉寿觞，怡然自得。

这期间，吕蒙正又先后与宋真宗三次会面，第一次是在景德四年（1007）二月，真宗赴巩义拜谒大伯太祖与父亲太宗的陵寝，吕蒙正抱病乘车来见。吕蒙正当时因病已经无法行拜见之礼，真宗让宦官搀扶着他进来，赐坐，嘘寒问暖地慰问了很久。谒陵结束后，真宗又来到西京洛阳，“幸吕蒙正第”，按宰相的标准，赐给他袭衣、金带、器币、药物等。这是君臣的第二次见面。

大中祥符元年（1008）十二月，真宗顺利地在泰山完成了封禅大典，百官加恩，太子太师、莱国公吕蒙正进封徐国公。

大中祥符四年（1011）春，真宗赶赴山西万荣县，西祀汾阴。返回开封途中经过洛阳，真宗再次到吕蒙正家看望他。

（大中祥符四年三月）又幸太子太师吕蒙正第，慰抚之，赐珍药、御酒、衣带、鞍马、金币。问蒙正诸子孰可用，对曰：“臣之子，豚犬耳。犹子夷简，宰相才也。”

真宗前往山西的途中，路过洛阳，曾有短暂停留，史籍上并没有吕蒙正前往拜谒的记录。真宗返回开封途中，再次经过洛阳，主动去看望吕蒙正，并问起“诸子孰可用”这样的问题，可知当时吕蒙正的病情已经恶化。在向真宗推荐侄子吕夷简之后一个多月，吕蒙正就病逝了。

在吕蒙正去世前不久，因为祭祀后土典礼顺利完成，又进封许国公。“许国之命甫下而卒”，时间是大中祥符四年（1011）四月十九日。

真宗听到吕蒙正去世的消息，非常悲痛。“及薨，天子震怛，哭甚悲，不能视朝者三日，遣使吊祭，赙赐特厚，赠中书令，谥文穆。”

大中祥符五年（1012）十月二十七日，吕蒙正的灵柩葬于洛阳县金石乡奉先里。

又过了57年，即宋神宗熙宁二年（1069），吕蒙正的第九个儿子，时任龙图阁直学士、尚书兵部侍郎的吕居简打算为吕蒙正竖立神道碑，就拜托时任昭文相的富弼撰写碑文。之所以请富弼执笔，是因为富弼的父亲富言，当年曾是吕蒙正的门客。吕蒙正曾给予富弼前程远大的评判，并为富弼的就读提供便利。《宋史·吕蒙正传》记载说：有一天，富言对吕蒙正说："我的儿子已经十多岁了，想让他到书院中来侍奉几位少爷。"也就是委婉地表达了想让儿子入书院读书的请求，吕蒙正答应了。富言的这个儿子，就是富弼，大概少年富弼的确有些不凡之处，吕蒙正见到他后很吃惊，评价说："这个孩子日后的名望地位，跟我差不多，将来建立的功勋业绩要远在我之上了。"于是让富弼与自己的几个孩子一同就读，衣食供给都非常优渥。后来富弼果然两次入相，以三公之一的"司徒"名分退休。

吕蒙正一直以善于知人、善于荐人闻名，吕夷简和富弼，应该就是他晚年最后发现的人才吧！

一、《破窑赋》的传说与文本

《破窑赋》又名《寒窑赋》《贫贱赋》《劝世章》。民间传说，吕蒙正曾数次入相，兼任太子的老师，而当时太子（后来的宋真宗）青春年少，目中无人，没有谁敢当面教训他，吕蒙正决定写一篇文章来告诫太子，于是写了这篇《破窑赋》。这篇文章虽然短小，但是包含了大智慧，聪明的太子一下子就懂得了其中的道理。据说太子读过此文后，一改故态，常常虚心向他人请教。

文章假托吕蒙正的语气自述从贫苦到富贵的经历，并列举了历史上诸多名人的起伏命运，来说明命运的决定性作用，劝诫世人甘于命运。这篇文章的版本颇多，内容大概相似。下列三个当今较为流行的版本，其中版本三相传出自洛阳市佃庄镇相公庄村吕蒙正寒窑内明碑，其中的“□”为碑文字迹漫漶，难以识读。

版本一

天有不测风云，人有旦夕祸福。蜈蚣百足，行不及蛇；雄鸡两翼，飞不过鸦；马有千里之程，无骑不能自往；人有冲天之志，非运不能自通。

盖闻：人生在世，富贵不能淫，贫贱不能移。文章盖世，孔子厄于陈邦；武略超群，太公钓于渭水。颜渊命短，殊非凶恶之徒；盗跖年长，岂是善良之辈。尧帝明圣，却生不肖之儿；瞽叟愚顽，反生大孝之子。张良原是布衣，萧何曾为县吏。晏子身无五尺，封作齐国宰相；孔明卧居草庐，能作蜀汉军师。楚霸虽雄，败于乌江自刎；汉王虽弱，竟有万里江山。李广有射虎之威，到老无封；冯唐有乘龙之才，一生不遇。韩信未遇之时，无一日三餐，及至遇行，腰悬三齐玉印，一旦时衰，死于阴人之手。

有先贫而后富，有老壮而少衰。满腹文章，白发竟然不中；才疏学浅，少年及第登科。深院宫娥，运退反为妓妾；风流妓女，时来配作夫人。

青春美女，却招愚蠢之夫；俊秀郎君，反配粗丑之妇。蛟龙未遇，潜水于鱼鳖之间；君子失时，拱手于小人之下。衣服虽破，常存仪礼之容；面带忧愁，每抱怀安之量。时遭不遇，只宜安贫守份；心若不欺，必然扬眉吐气。初贫君子，天然骨骼生成；乍富小人，不脱贫寒肌体。

天不得时，日月无光；地不得时，草木不生；水不得时，风浪不平；人不得时，利运不通。注福注禄，命里已安排定，富贵谁不欲？人若不依根基八字，岂能为卿为相？

吾昔寓居洛阳，朝求僧餐，暮宿破窑，思衣不可遮其体，思食不可济其饥。上人憎，下人厌，人道我贱，非我不弃也。今居朝堂，官至极品，位置三公，身虽鞠躬于一人之下，而列职于千万人之上，有挞百僚之杖，有斩鄙吝之剑，思衣而有罗锦千箱，思食而有珍馐百味，出则壮士执鞭，入则佳人捧觞，上人宠，下人拥。人道我贵，非我之能也，此乃时也、运也、命也。

嗟呼！人生在世，富贵不可尽用，贫贱不可自欺，听由天地循环，周而复始焉。

版本二

天地有常用，日月有常明，四时有常序，鬼神有常灵。天有宝，日月星辰。地有宝，五谷金银。家有宝，孝子贤孙。国有宝，正直忠良。合天道，则天府鉴临。合地道，则地府消愆。合人道，则民用和睦。三道既合，祸去福来。天地和，则万物生。地道和，则万物兴。父子和，而家有济。夫妇和，而义不分。时势不可尽倚，贫穷不可尽欺，世事翻来覆去，须当周而复始。

余者居洛阳之时，朝投僧寺，夜宿破窑。布衣不能遮其体，饘粥不能充其饥。上人嫌，下人憎，皆言余之贱也，余曰：非贱也，乃时也，运也，命也。余后登高及第，入中书，官至极品，位列三公，思衣则有绮罗千箱，思食则有百味珍馐，有挞百僚之杖，有斩佞臣之剑，出则壮士执鞭，入则佳人扶袂，廪有余粟，库有余财，人皆言余之贵也，余曰：非贵也，乃时也，运也，命也。

蛟龙未遇，暂居云雾之间。君子失时，屈守小人之下。命运未通，被愚人之轻弃。时运未到，被小人之欺凌。初贫君子，自怨骨格风流。乍富小人，不脱俗人体态。生平结交惟结心，莫论富贵贫贱。深得千金，而不为贵，得人一语，而胜千金。吾皆悼追无恨人，富贵须当长保守，

苏秦未遇，归家时，父母憎，兄弟恶，嫂不下纴，妻不愿炊，然衣锦归故里，马壮人强，萤光彩布，兄弟含笑出户迎，妻嫂下阶倾己顾，苏秦本是旧苏秦，昔日何陈今何亲。自家骨肉尚如此，何况区区陌路人，抑犹未也。

文章冠世，孔子尚厄于陈邦。武略超群，太公曾钓于渭水。颜回命短，岂是凶暴之徒。盗跖年长，自非贤良之辈。帝尧天圣，却养不肖之男。瞽叟顽嚣，反生大孝之子。甘罗十二为宰相，

买臣五十作公卿。晏婴身长五尺，封为齐国宰相。韩信力无缚鸡，立为汉朝贤臣，未遇之时，口无一日瓮飧，及至兴通，身受齐王将印，吓燕取赵，统百万雄兵，一旦时休，卒于阴人之毒手。李广有射虎之威，到老无封。冯唐有安邦之志，一世无遇。

上古圣贤，不掌阴阳之数。今日儒士，岂离否泰之中。腰金衣紫，都生贫贱之家。草履毛鞋，都是富豪之裔。有贫贱，而后有富贵。有小壮，而后有老衰。人能学积善，家有余庆。青春美女，反招愚独之夫。俊秀才郎，竟配丑貌之妇。五男二女，老来一身全无。万贯千金，死后离乡别井。才疏学浅，少年及第登科。满腹文章，到老终身不第。或富贵，或贫贱，皆由命理注定。

若天不得时，则日月无光。地不得时，则草木不生。水不得时，则波浪不静。人不得时，则命运不通。若无根本八字，岂能为卿为相。一生皆由命，半点不由人。

蜈蚣多足，不及蛇灵。雄鸡有翼，飞不及鸦。马有千里之驰，非人不能自往。人有千般巧计，无运不能自达。

吾敬为此劝世文也。

版本三

蜈蚣百足，不及蛇行；鸡虽有翅，不及鸦飞；马有千里之程，无人而不能自往；人有百般妙计，非运而不能自通。吾昔居洛阳，朝游陋巷，暮宿破窑，思衣而不能遮其体，思食而不能充其饥。道吾贫也，非吾而不能为也，乃时也，运也，命也。吾今居于龙堂，官封一品，位出三公，□身于一人之下，立职以万人之上。斩佞臣，□百僚，思衣而有绮罗千箱，思食而有珍馐百味，简吾贵也，非吾所能为也，乃时也，运也，命也。潜龙未遇，而藏身在鱼鳖之中；君子失时，□手于小人之下。命运不通，被愚人之所陷，时若未至，遭小辈而相欺。□□虽破，常存礼义于身；面带忧容，腹隐雄才之量。时间不利，且图守道安身，天若无私，必有荣□之日。初贫者子，天然骨格风流；乍富小儿，不脱贫人之体。平生结交酒结心，不问相识浅与深。得金千两未足贵，得人一语值千金，世上浮财暂时有，轮转岂能得长久。均看陌上多少人，富贵谁能□□守。

二、《破窑赋》辨伪

《破窑赋》所宣扬的安于命运、静待时来运转的观念，曾一度给了处在社会底层的老百姓以很大的心理安慰。其文本通俗易懂，背后故事充满传奇色彩，一度在民间传诵。但是，稍有古代文化常识者即不难看出，这是一篇伪作。理由如下：

第一，创作背景不符。在口口相传中，吕蒙正之所以成为真宗的老师，大概是因为吕蒙正担任过的众多官职中，有一项是“太子太师”，不明就里的人望文生义，就变成了太子的老师。这纯属误会。吕蒙正任太子太师的时间，是在咸平六年（1003）九月，当时吕蒙正因为眩晕的毛病，已经请假四个多月，无法履行宰相职能。在其本人七次上书请求罢职的情况下，真宗不得不同意其罢相，为示对老臣的优待，将吕蒙正的官阶由司空晋升为太子太师。司空与太子太师在宋初都是“本官”，没有具体的岗位职责，只是确定待遇用的。可见，吕蒙正任“太子太师”之际，真宗早已不是太子，太子太师也没有教导太子的责任，吕蒙正此后在开封与洛阳养病，也没有教导太子的可能。

第二，将小说、评书里的演绎当成历史。这方面的漏洞颇多，姑且举一个稍明显的例子。三个版本中，都有相类似的表述：“有挞百僚之杖，有斩鄙吝之剑”“有挞百僚之杖，有斩佞臣之剑”“斩佞臣，

□百僚”。这大概是作者受了《杨家将演义》一类通俗小说中“八王爷”具有纠察处置百官特权的启发，也给予了吕蒙正这样的特权。《杨家将演义》中记载太祖临终之际，将皇位传授给太宗，对其子德昭说：

为君不易，今传位于叔王，以代汝之劳也。今赐汝金简一把，在朝如有不正之臣，得专诛戮。

但是，千万不要把这当成真实的历史，《杨家将传》《三侠五义》《杨家府演义》和《万花楼》等小说中都提及的“八王爷”其实是一个杜撰出来的人物，宋朝历史上并无其人。在宋朝，从来没有哪位王爷曾经拥有过类似的特权。

第三，用词不古。“雄鸡两翼”“丑貌之妇”“百般妙计”之类的表述，纯属俚语，不可能出自吕蒙正这样饱读诗书的文人笔下。

与其说《破窑赋》的体裁是赋，不如说，它更像是说唱艺人的话本。它的诞生大概在清末，我们目前所能看到的《破窑赋》的最早版本，是国家图书馆藏晚清文元堂刻本。书面版本的《破窑赋》流传极少，民间难得一见。偶见一清末民国的手抄本，将作者误作“李梦正”，这大概是说唱艺人师徒授受之际，凭借唱词记录，或疏于校对，或受到其自身文化水平限制的结果。

此外，笔者手中有一份来自某电商交易平台上的《破窑赋》拓本，更是荒谬。应当承认，这个拓本相当精美，但是关于这拓本的由来，店家却总是语焉不详。其实，这也是近人利用高科技的伪作。其文字与上节所引第二个版本相同，署名处作“太子太师　莱国公　吕蒙正镌”，上面还有“乾隆御赏之宝”之类的十来个印章。不得不说，这作伪的水平实在是太拙劣了，纰漏百出。

这份碑刻，假如存在实体碑刻的话，应是保存之前珍贵的纸质书法作品。也就是说，这份《破窑赋》，最初应该是用纸张书写的。因为只有这样，才可能在上面盖章。后人为了保存复制传播，以这份纸质

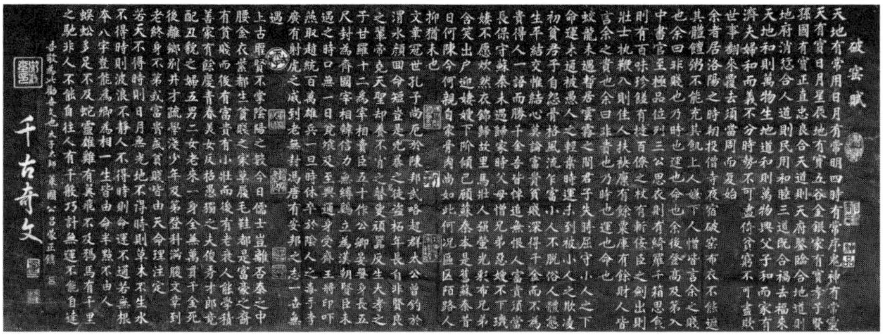

网售所谓《破窑赋》拓片

作品为蓝本，将其镌刻在石碑上，然后才有从石碑上拓印的版本。但是这份书法作品，最初的载体既然是纸张，那么署名处的“镌”就露出马脚了。“镌”就是雕刻，这一个字就说明最初的载体就是石头。如果最初的载体就是石头，那么那些鉴赏的印章是怎么盖上去的呢？

就算我们赋予乾隆等鉴赏收藏者以“踏石留印，抓铁有痕”的本事，能在石头上盖章，也还是说不通的。上已述及，吕蒙正任太子太师之后，已经染病在身，无法亲自去“雕刻”了。再说，除了千年一出的木匠皇帝朱由校，似乎还没有哪位皇帝或大臣有亲自从事这类匠人工作的雅好。

显然，这份拓本应该是今人书写的，然后通过技术手段处理成拓本的外观。笔者粗略比较了一下该拓本与上述第二个版本的不同，就有六处之多，而这些错误，也在在证明了其作伪水平的低劣：

1.“合地道，则地府消愆”句中“愆”字书写者丢掉了中间的三点水。

2.“初贫君子，自怨骨格风流”句中“君”字下面的“口”缺左侧一竖。

3.“自家骨肉尚如此，何况区区陌路人”，两个“区区”，一作繁体，一作简体，殊为古怪。

4.“帝尧天圣，却养不肖之男”句中，书写者丢“男”字，显然是对内容不熟，抄写之际漏掉。若是作者亲自誊写，绝无在此处丢字之理。

5.“买臣五十作公卿”句中，“买”字误作“卖”。

6.“或富贵，或贫贱，皆由命理注定”句中，“命理”前误入一“天”字。

参考文献

一、古代典籍

[1]王称.东都事略[M].孙言诚，崔国光，点校.济南：齐鲁书社，2000.

[2]王铚.默记[M].朱杰人，点校.北京：中华书局，1981.

[3]王溥.五代会要[M].北京：中华书局，1998.

[4]王君玉.国老谈苑[M].杨倩描，徐力群，点校.北京：中华书局，2012.

[5]王明清.挥麈录[M].北京：中华书局，1961.

[6]王定保.唐摭言[M].上海：上海古籍出版社，1978.

[7]王实甫.破窑记[M].孤本元明杂剧.上海：商务印书馆，1939.

[8]王禹偁.小畜集[M].四部丛刊初编.上海：商务印书馆，1919.

[9]叶梦得.避暑录话[M].宇文绍奕，考异.侯忠义，点校.北京：中华书局，1985.

[10]司马光.资治通鉴[M].胡三省，音注.标点资治通鉴小组，校点.北京：中华书局，1956.

[11]司马光.涑水记闻[M].邓广铭，张希清，校.北京：中华书局，1989.

[12]毕沅，阮元.山左金石志[M].历代碑志丛书.南京：江苏古籍出版社，1998.

[13]朱熹，李幼武.宋名臣言行录[M].扬州：江苏广陵古籍刻印社，1987.

[14] 刘昫，等 . 旧唐书 [M] . 北京：中华书局，1975.

[15] 孙光宪 . 北梦琐言 [M] . 贾二强，校点 . 北京：中华书局，2002.

[16] 杜大珪 . 名臣碑传琬琰集 [M] . 北京：北京图书馆出版社，2003.

[17] 李焘 . 续资治通鉴长编 [M] . 上海师范大学古籍整理研究所，华东师范大学古籍整理研究所，点校 . 北京：中华书局，2004.

[18] 李九我 . 李九我批评破窑记 [M] . 古本戏曲丛刊初集 . 上海：商务印书馆，1955.

[19] 李心传 . 旧闻证误 [M] . 崔文印，点校 . 北京：中华书局，1981.

[20] 李林甫，等 . 唐六典 [M] . 陈仲夫，点校 . 北京：中华书局，1992.

[21] 吴广成 . 西夏书事 [M] . 中国西北文献丛书：西北史地文献：第 25 卷 . 兰州：兰州古籍书店，1990.

[22] 陈均 . 皇朝编年纲目备要 [M] . 许沛藻，金圆，顾吉辰，等，点校 . 北京：中华书局 .2006.

[23] 邵伯温 . 邵氏闻见录 [M] . 李剑雄，刘德权，点校 . 北京：中华书局，1983.

[24] 欧阳修 . 六一诗话 [M] . 郑文，校点 . 北京：人民文学出版社，1962.

[25] 周应合 . 景定建康志 [M] . 宋元方志丛刊 . 北京：中华书局，1990.

[26] 钱若水 . 宋太宗皇帝实录校注 [M] . 范学辉，校注 . 北京：中华书局，2013.

[27] 徐松 . 宋会要辑稿 [M] . 北京：中华书局，1957.

［28］徐自明．宋宰辅编年录校补［M］．王瑞来，校．北京：中华书局，1986.

［29］脱脱，等．辽史［M］．北京：中华书局，1974.

［30］脱脱，等．宋史［M］．北京：中华书局，1977.

［31］蒋一葵．尧山堂外纪［M］．吕景琳，点校．北京：中华书局，2019.

［32］曾巩．隆平集校证［M］．王瑞来，校证．北京：北京图书馆出版社，2015.

［33］褚人获．坚瓠集［M］．杭州：浙江人民出版社，1986.

［34］蔡绦．铁围山丛谈［M］．冯惠民，沈锡麟，点校．北京：中华书局，1983.

［35］熊大木．杨家将演义［M］．穆公，校点．上海：上海古籍出版社，2000.

［36］魏征，等．隋书［M］．北京：中华书局，1973.

［37］宋大诏令集［M］．北京：中华书局，1962.

［38］彩楼记［M］．古本戏曲丛刊二集．上海：商务印书馆，1955.

二、今人著作

［1］马淑琴．西夏与北宋的青白盐贸易［J］．宁夏社会科学，1989（2）：71—76.

［2］王化雨．面圣：宋代奏对活动研究［M］．北京：生活·读书·新知三联书店，2019.

［3］王化雨．申状与宋代中枢政务运行［C］．宋史研究诸层面．北京：北京大学出版社，2020.

［4］王化雨．保守势力集团与北宋前期政治［D］．成都：四川大

学，2004.

［5］邓小南．宋代文官选任制度诸层面［M］．石家庄：河北教育出版社，1993.

［6］邓小南．近臣与外官：试析北宋初期的枢密院及其长官人选［C］．宋史研究论文集：国际宋史研讨会暨中国宋史研究会第九届年会编刊．保定：河北大学出版社，2002.

［7］邓小南．课绩·资格·考察：唐宋文官考核制度侧谈［M］．郑州：大象出版社，1997.

［8］邓小南．祖宗之法：北宋前期政治述略［M］．北京：生活·读书·新知三联书店，2006.

［9］李华瑞．宋夏关系史［M］．石家庄：河北人民出版社，1998.

［10］杨芹．宋代制诰文书研究［M］．上海：上海古籍出版社，2014.

［11］邓广铭．宋史十讲［M］．北京：中华书局，2017.

［12］刘江．帖与宋代地方政务运作［C］．宋史研究诸层面．北京：北京大学出版社，2020.

［13］闫建飞．札记：宋代通判渊源补记［J］．宋史研究论丛，2018（1）：344—345.

［14］杨庆杰．宋代尊号制度研究［D］．开封：河南大学，2014.

［15］何冠环．宋初朋党与太平兴国三年进士［M］．北京：中华书局，1994.

［16］汪圣铎．宋真宗［M］．长春：吉林文史出版社，1996.

［17］张祎．制诏敕札与北宋的政令颁行［D］．北京：北京大学，2009.

［18］李全德．唐宋变革期枢密院研究［M］．北京：国家图书馆出版社，2009.

［19］张其凡．赵普评传［M］．北京：北京出版社，1991.

［20］张其凡．宋初政治探研［M］．广州：暨南大学出版社，1995.

［21］张其凡．宋太宗［M］．长春：吉林文史出版社，1997.

［22］陈羽．彩楼记［M］．杭州：东海文艺出版社，1957.

［23］陈洁．寒窑戏研究［D］．桂林：广西师范大学，2015.

［24］周企何，刘成基，阳有鹤，等．彩楼记［M］．北京：作家出版社，1955.

［25］赵冬梅．千秋是非话寇准［M］．北京：电子工业出版社，2012.

［26］俞为民．南戏《破窑记》本事和版本考述［J］．文献，1990（3）：8—42.

［27］龚延明．宋代官制词典［M］．北京：中华书局，1997.

［28］龚延明，祖慧．宋登科记考［M］．南京：江苏教育出版社，2005.

［29］韩颖．李昉研究［D］．保定：河北大学，2017.

［30］程民生．宋代物价研究［M］．北京：人民出版社，2008.

［31］曾瑞龙．经略幽燕：宋辽战争军事灾难的战略分析［M］．香港：中文大学出版社，2003.

［32］胡坤．宋代荐举改官研究［M］．上海：上海古籍出版社，2019.

［33］游彪．宋代荫补制度研究［M］．北京：中国社会科学出版社，2001.

［34］靳梓艳．元杂剧中的“发迹变泰”题材研究［D］．临汾：山西师范大学，2016.

［35］诸葛忆兵．宋代宰辅制度研究［M］．北京：中国社会科学出

版社，2000.

［36］虞云国．宋代台谏制度研究［M］．上海：上海社会科学院出版社，2001.

［37］虞江芙．从《破窑记》看王实甫的愤世与自慰心态［J］．武汉教育学院学报，1996（2）：20—24.

［38］漆侠．宋太宗第一次伐辽——高梁河之战——宋辽战争研究之一［J］．河北大学学报（哲学社会科学版），1991（3）：1—9.

［39］梁建国．北宋京畿地区洪涝的协同治理［C］．宋史研究诸层面．北京：北京大学出版社，2020.

［40］漆侠．宋太宗雍熙北伐——宋辽战争研究之二［J］．河北学刊，1992（2）：79—87.

［41］漆侠．辽国的战略进攻与澶渊之盟的订立——宋辽战争研究之三［J］．河北大学学报（哲学社会科学版），1992（3）：1—11.

［42］漆侠．宋太宗与守内虚外［C］．纪念邓广铭先生九十华诞论文集．石家庄：河北教育出版社，1997.

［43］谭其骧．中国历史地图集：宋辽金时期［CM］．上海：中国地图出版社，1982.

［44］台湾三军大学．中国历代战争史［M］．北京：中信出版社，2013.

［45］成都市文物管理处，四川红旗柴油机厂工人理论组，四川大学历史系王小波李顺起义史料调查组．关于王小波李顺农民起义几个问题的调查［J］．四川大学学报（哲学社会科学版），1975（4）：81—87.